Michael Erler
Soziale Arbeit

Grundlagentexte
Soziale Berufe

Michael Erler

Soziale Arbeit

Ein Lehr- und Arbeitsbuch zu Geschichte,
Aufgaben und Theorie

6., aktualisierte Auflage 2007

Juventa Verlag Weinheim und München

Der Autor

Michael Erler, Jg. 1943, Dr. phil., ist Professor für Soziologie am Fachbereich „Soziale Arbeit und Gesundheit" der Fachhochschule Frankfurt/M.

Bibliografische Information der Deutschen Nationalbibliothek

Die Deutsche Nationalbibliothek verzeichnet diese Publikation in der Deutschen Nationalbibliografie; detaillierte bibliografische Daten sind im Internet über http://dnb.d-nb.de abrufbar.

1. Auflage 1993
2. Auflage 1994
3., überarbeitete Auflage 1997
4. Auflage 2000
5., überarbeitete Auflage 2004
6., aktualisierte Auflage 2007

Das Werk einschließlich aller seiner Teile ist urheberrechtlich geschützt. Jede Verwertung außerhalb der engen Grenzen des Urheberrechtsgesetzes ist ohne Zustimmung des Verlags unzulässig und strafbar. Das gilt insbesondere für Vervielfältigungen, Übersetzungen, Mikroverfilmungen und die Einspeicherung und Verarbeitung in elektronischen Systemen.

© 1993 Juventa Verlag Weinheim und München
Umschlaggestaltung: Atelier Warminski, 63654 Büdingen
Umschlagabbildung: MUCH, Wien
Printed in Germany

ISBN 978-3-7799-0747-3

Vorwort zur 6. Auflage

Eine neue Auflage vorzubereiten macht immer große Freude. Bei der Überarbeitung habe ich mich darauf konzentriert, die Lesehinweise zu prüfen und zu aktualisieren. Den Aufbau und die Argumentation des Buches habe ich belassen wie sie sind; sie machen ja den Erfolg des Buches aus. Bei den Zahlen ist es immer ein „Hase und Igel"-Spiel: Bereits bei der Drucklegung sind sie veraltet. Insofern weise ich die Leserschaft auf den Internetauftritt des Statistischen Bundesamtes (www.destatis.de) hin. Hier werden alle wichtigen Daten veröffentlicht und es sind Links zu weiteren wichtigen Datenquellen vorhanden.

Nicht zuletzt möchte ich mich bei all meinen Leserinnen und Lesern bedanken; bei den Studierenden, die das Buch für ihr Studium nutzen genauso wie bei den Lehrenden, die das Buch empfehlen.

Frankfurt/M., im Dezember 2006
Michael Erler

Vorwort zur 5. Auflage

Zehn Jahre sind selbst in unserer angeblich so schnelllebigen Zeit ein Zeitraum, in dem viel passiert, zumal an den Hochschulen. Und zehn Jahre nach Erscheinen dieses Buches ist eine fünfte Auflage vorzubereiten. Dies ist erfreulich und ermutigend zugleich, weil es als Hinweis für einen fruchtbaren Diskurs über wissenschaftliche Theoriebildung und berufspraktische Interessen verstanden werden kann. Und solch ein Diskurs ist um so wichtiger, wenn in seinem Kontext eine Diskussion über die Professionalisierung der Sozialen Arbeit verbunden ist mit einer Auseinandersetzung über ihre „Identität". Eine Auseinandersetzung, die über die z.T. eng gesetzten Grenzen der Disziplin hinausweist, und die folgenreich ist für die Möglichkeiten des professionellen Handelns sowie der entsprechenden Ausbildung.

In dieser Auflage wurden gegenüber der vorangegangenen eine Reihe sowohl inhaltlicher Korrekturen und Ergänzungen aufgenommen wie auch eine Vielzahl von Anregungen.

Frankfurt/M., im September 2003
Michael Erler

Zu diesem Buch

Die Grundüberlegung, die mich veranlasste dieses Buch zu schreiben, ist recht einfach: Studienanfängerinnen und Studienanfänger der Studiengänge Sozialpädagogik, Sozialarbeit und Sozialwesen haben trotz eines gewachsenen öffentlichen Interesses gegenüber sozialen Fragen nur einen verschwommenen Kenntnisstand darüber. Die Konstitution der sozialen Probleme und ihre unglaubliche Vielfalt haben häufig dazu geführt, dass die Grenze zwischen Alltagswissen und wissenschaftlichem Wissen über sie zu verschwimmen droht. Eine solche Situation erfordert eine Orientierung, die eine Übersicht über die Teilbereiche der sozialen Arbeit und ihre Probleme gibt.

Das Buch wendet sich vor allem an Studentinnen und Studenten, die am Anfang des Studiums der Sozialpädagogik, Sozialarbeit und des Sozialwesens stehen. Es versucht, das Panorama zu skizzieren, das die Studentinnen und Studenten in diesen Studiengänge erwartet. Es wird keine Theorie der sozialen Arbeit entwickelt, ebenso wenig wird eine Stoffsammlung zu jedem und allen ihr innewohnenden Problemen vorgelegt. Es geht „nur" darum, einen Überblick über die wichtigsten Zusammenhänge, Themen und Fragestellungen zu geben. Darüber hinaus soll Praktikern und Interessierten ein verständlicher Einstieg in die Materie geboten werden.

Das Konzept des Buches ist so angelegt, dass sich die Leserin/der Leser einen Überblick über die Vielfalt der Probleme und Gegenstände der sozialen Arbeit und deren Veränderungstendenzen verschaffen kann. Ebenso ist es möglich, an konkreten Beispielen die Verwobenheit von sozialen Problemen mit anderen gesellschaftlichen Teilbereichen nachzuvollziehen. Nicht zuletzt soll die gegenwärtige diffuse Situation der sozialen Arbeit als wissenschaftliche Disziplin und Profession verständlich werden.

- Im ersten Kapitel wird der Frage nachgegangen, was überhaupt Soziale Arbeit ist.
- Im zweiten Kapitel werden die Gegenstände und Ziele der Sozialen Arbeit dargestellt.
- Das dritten Kapitel setzt sich mit dem Problem des „Helfens" auseinander.
- Im vierten Kapitel wird die Geschichte der Sozialen Arbeit nachgezeichnet.
- Das fünften Kapitel beschäftigt sich mit den Methoden der sozialen Arbeit.
- Im sechsten Kapitel wird exemplarisch der Rahmen eines Berufsfeldes beschrieben.
- Das siebte Kapitel skizziert die Theoriedebatte um die Soziale Arbeit.

Die Kapitel sind absichtlich knapp gehalten und in sich relativ abgeschlossen. Das heißt, das Buch muss nicht von vorn bis zur letzten Seite gelesen werden. Das Inhaltsverzeichnis gibt kurz gefasst die Inhalte der jeweiligen Kapitel wieder, man kann sich die Themen aussuchen, die zuallererst interessieren. In den Kapiteln sind Textteile in Kästchen eingefügt. Das sind wichtige Ergänzungen. Bei der ersten Lektüre können sie überschlagen werden, ohne dass der Lesefluss oder der Inhalt unterbrochen werden. Sie sind aber Ergänzungen zu Themen, die möglicherweise den einen Leser oder die andere Leserin interessieren könnten.

Die einzelnen Kapitel werden jeweils an ihrem Ende durch weiterführende Literaturhinweise ergänzt. Dadurch erhalten die Leserinnen und Leser die Möglichkeit zur Vertiefung einzelner Fragen. Ein Stichwortverzeichnis am Ende des Buches ermöglicht den raschen Zugriff auf einzelne Punkte.

Mit dem Buch möchte ich Studentinnen und Studenten, wie auch am Thema Interessierten, eine Hilfestellung geben für das Verständnis der Probleme der sozialen Arbeit sowie der sie bewegenden theoretischen Fragen.

Frankfurt/M., im September 1993
Michael Erler

Inhalt

1. Eine Einführung ins Thema.
 oder: Was ist überhaupt Soziale Arbeit? 11

In diesem Kapitel wird etwas darüber gesagt, ob eine Trennung zwischen den Bezeichnungen Sozialarbeit und Sozialpädagogik sinnvoll ist. Des weiteren wird hier über eine aussagefähige Definition von sozialer Arbeit nachgedacht. Damit dies allerdings zu verstehen ist, versuche ich grob die historischen Wurzeln von Sozialarbeit und Sozialpädagogik nachzuzeichnen und ihre Berufsfelder zu skizzieren. Anschließend berichte ich ein wenig über das Studium des Sozialwesens.

2. Womit hat es die Soziale Arbeit zu tun?
 oder: Darstellung ihrer Gegenstände und Ziele 23

In diesem Kapitel stelle ich die Gegenstände (Berufsfelder) und Ziele der sozialen Arbeit dar. Anschließend wird eine Reihe sozialer Trends in unserer Gesellschaft präsentiert und belegt. Außerdem werde ich etwas über deren Auswirkungen auf die Bedingungen und Berufsfelder der Sozialen Arbeit sagen.

3. Was hat Soziale Arbeit mit Helfen zu tun?
 oder: Moderne Dienstleistungsbetriebe 35

In der Sozialen Arbeit findet seit einiger Zeit ein Umdenkungsprozess statt. Dieses Kapitel beschäftigt sich mit der Frage, in welche Richtung sich die soziale Arbeit aus dem vorhandenen Image des „Helfens" und der Nächstenliebe entwickelt – moderne Dienstleistung oder ehrenamtliche bzw. Laienarbeit – und welche Folgen dies für den Beruf hat.

4. Eine kleine Geschichte der Sozialen Arbeit
 oder: Soziale Arbeit und Disziplin 49

In diesem Kapitel zeichne ich die wichtigsten Entwicklungslinien in der Geschichte der Sozialen Arbeit nach. Vor allem mache ich deutlich, wie die Bedingungen, denen die Soziale Arbeit unterworfen ist, entstanden sind. Dabei soll klarer werden, wie und warum die beiden Aspekte: Kontrolle und Erziehung in die Soziale Arbeit hineingekommen sind.

5. Wie arbeitet die Soziale Arbeit?
oder: Eine kleine Methodendiskussion 81

Die klassischen Methoden der Sozialen Arbeit werden hier kurz vorgestellt. Es wird auch auf die aktuelle Diskussion um den Methodenbegriff eingegangen, dabei wird auf die prozessorientierten Begriffe „soziale Techniken" und „Intervention" hingewiesen. Ebenfalls steht hier das Verhältnis Klient versus Soziale Arbeit zur Debatte.

6. Was wird in der Sozialen Arbeit gemacht?
oder: Rahmenbedingungen in einem Berufsfeld: Familienhilfe 93

Heute sind eine Vielfalt familialer Lebensformen beobachtbar (Alleinerziehende, 1-Personenhaushalte, Nicht-eheliche-Lebensgemeinschaften). Auf diesem Hintergrund stellt sich für die Soziale Arbeit das Problem, Familienhilfe entsprechend dem neuen Kinder- und Jugendhilfegesetz (KJHG) zu organisieren. Die damit einhergehenden Probleme und die Tendenzen der Verrechtlichung in der sozialen Arbeit stelle ich in diesem Kapitel dar.

7. Was kann eigentlich Soziale Arbeit?
oder: Gibt es eine Theorie bzw. Wissenschaft der Sozialen Arbeit? 115

In diesem Kapitel wird die Theoriedebatte um die Rolle der sozialen Arbeit zwischen „Helfen" und Professionalität dargestellt. Es geht dabei um die Wende zum Pragmatismus in der Auseinandersetzung um die Funktion der sozialen Arbeit um ihr Selbstverständnis.

Literatur 131

Stichwortverzeichnis 139

1. Eine Einführung ins Thema

oder: Was ist überhaupt Soziale Arbeit?

In diesem Kapitel wird darüber diskutiert, ob eine Trennung zwischen den Bezeichnungen Sozialarbeit und Sozialpädagogik sinnvoll ist. Des Weiteren wird hier über eine aussagefähige Definition von sozialer Arbeit nachgedacht. Damit dies allerdings zu verstehen ist, versuche ich grob die historischen Wurzeln von Sozialarbeit und Sozialpädagogik nachzuzeichnen und skizziere das Berufsfeld. Anschließend berichte ich ein wenig über das Studium des Sozialwesens.

Soziale Arbeit und ihr Berufsfeld

Zu Beginn eines jeden neuen Semesters kommt es – im Rahmen der Studieneingangsphase im Studiengang Sozialpädagogik der Fachhochschule Frankfurt/M., an dem ich lehre – mit den Studienanfängerinnen und -anfängern regelmäßig zu Diskussionen über ihre Studienmotive. Für viele spielt das Argument, „etwas mit Menschen zu tun haben" zu wollen, eine wichtige Rolle. Es wird die Vorstellung formuliert, die – oder derjenige wolle anderen Menschen „helfen", es solle in jedem Falle ein „sozialer" Beruf sein, in dem sie später einmal tätig sein wollen. Wiederum andere kommen bereits mit beruflichen Erfahrungen zum Studium. Das sind diejenigen, die ihre Vorstellungen vom Studium und was sie davon erwarten auch am präzisesten formulieren können. In der Regel plaudern sie recht informativ über ihre bisherige praktische Arbeit, die sie durchaus nicht immer nur positiv darstellen. Sie wissen am genauesten, welche Kenntnisse, Methoden oder Techniken sie sich im Verlaufe ihres Studiums aneignen wollen. Insgesamt herrscht aber ein eher diffuses Bild des „Sozialen" vor.

Dem Motiv, nun speziell Sozialpädagogik zu studieren, liegen meist ähnliche Unklarheiten zugrunde. Die Nachfrage, warum nicht das Studium der Sozialarbeit aufgenommen wurde, wird mit einem Achselzucken beantwortet. Entweder waren der Studienort ausschlaggebend für die Wahl des Faches oder die Vorstellung „'was Pädagogisches" zu machen, später „vielleicht 'was mit Kindern zu machen". Sozialarbeit hat demnach eher etwas mit Juristerei zu tun, oder etwas mit Ämtern. Und Ämter, so scheint es, haben für Studentinnen und Studenten als berufliche Perspektive offensichtlich etwas Furcht Erregendes.

Was ich hier in wenigen Worten zu schildern versuche, nämlich die Diffusität der begrifflichen Trennung von Sozialarbeit und Sozialpädagogik für Studienanfängerinnen und -anfängern, ist so alt wie die beiden Professionen. Es ist schon fast Tradition, dass in allen Bereichen der sozialen Arbeit, bei den Berufsverbänden, den Trägern von Einrichtungen der sozialen Arbeit und den in diesen Bereichen Beschäftigten Kritik daran geübt wird, dass Sozialarbeit und Sozialpädagogik keine vergleichbaren Berufsbilder wie die „klassischen" Professionen vorzuweisen hätten und dementsprechend geringe Anerkennung genießen. Immer noch wird die mangelnde gesellschaftliche Anerkennung beider Berufe beklagt, wie auch die fehlende Akzeptanz als eigenständige Professionen mit entsprechenden Kompetenzen durch andere Berufsstände, wie dies beispielsweise gegenüber der Medizin oder Rechtswissenschaft der Fall ist.

Nun muss hier ganz deutlich gesagt werden: Es gibt heute weder eine im Berufsalltag allgemein akzeptierte noch eine theoretisch begründete begriffliche Abgrenzung zwischen Sozialarbeit und Sozialpädagogik. Sozialarbeit und Sozialpädagogik werden mittlerweile als Synonyme (bedeutungsgleich) benutzt. Die begriffliche Unklarheit in der Abgrenzung „... wird entweder pragmatisch gelöst, umgangen, ausgeschlossen oder es wird letztlich (stillschweigend) vorausgesetzt, dass jedermann weiß, was mit diesen beiden Begriffen gemeint ist, um der mühevollen definitorischen Arbeit, die häufig auch nur begrenzte Bedeutung hat, auszuweichen ..." (Skiba 1969). So hat es ein Autor einmal ausgedrückt, der über das „soziale Fremdbild des Fürsorgers" schrieb. Das war vor über 30 Jahren. Heute können wir sicherlich an einigen Punkten präzisere Aussagen machen, die begriffliche Unklarheit ist jedoch geblieben.

Aber diese Situation ist nicht ohne einen Blick in die Geschichte zu verstehen. Der Ursprung (mehr zur Geschichte der „sozialen Arbeit" im Kapitel 4) von Sozialpädagogik und Sozialarbeit ist wesentlich in zwei Quellen begründet: Zum einen in der kommunalen, später staatlichen behördlichen Armenpflege des 19. Jahrhunderts, die sich ihrerseits auf die mittelalterliche Armenfürsorge und Bettelordnungen zurückführen lassen, und auf die anschließend (auf der Wende 16./17. Jh.) eingerichteten Zucht- und Arbeitshäuser. Das „Elberfelder System" verband seit 1852 – überaus effektiv für die damaligen Verhältnisse – die individuelle Kontrolle der Armen hinsichtlich ihrer Arbeitsfähigkeit durch den ehrenamtlichen Armenpfleger bei Vermeidung von Dauerleistungen (Sachße/Tennstedt 1980). Ausdifferenziert und zentralisiert wurden diese Strukturen später zur Grundlage staatlicher Wohlfahrtspflege, und aus dem ehrenamtlichen Armenpfleger wurde der bzw. die hauptberufliche Fürsorgerin.

Die andere Quelle der „sozialen Arbeit" liegt in der privaten Wohlfahrts- und Liebestätigkeit sowie der durch die Aufklärung inspirierten bürgerlichen Kleinkindpädagogik des 19. Jh. In dem 1840 in Rudolstadt von Fröbel gegründeten Kindergarten waren seine „Spielgaben" (Ball, Würfel, Reifen z.B.), die „Gemeinschaftsspiele" sowie die „Gartenarbeit" auf die allseitige Bildung und Entwicklung der kindlichen Persönlichkeit gerichtet. Diese Tätigkeit sollte durch die Heranbildung „tüchtiger Mütter" gewährleistet sein: die „Kindergärtnerin" war damit „erfunden".

Die bürgerliche Frauenbewegung und hier insbesondere Alice Salomon, entwarf aus beidem ein Konzept „sozialer Arbeit", in dem vorhandene Reformansätze, Verrechtlichungs- und zunehmende Professionalisierungstendenzen mit der Idee einer „geistigen Mütterlichkeit" als spezifischer Kulturaufgabe der Frau verschmolzen wurden (Riemann 1985, Sachße 1994). Mit der Gründung der „Sozialen Frauenschule" – 1908 in Berlin – entwickelt A. Salomon ein Konzept von sozialer Arbeit als einheitlichem Berufsfeld bei einer ausgeprägten Vielfalt von anfallenden Tätigkeiten und Anforderungen an die sozialen „Arbeiterinnen und Arbeiter" sowie an Methoden. Zugleich kennzeichnet dies die Wende von der ehrenamtlichen Arbeit zu einer spezifisch weiblichen „Fachlichkeit", wobei das Moment der „Mütterlichkeit" nun nicht mehr naturwüchsig-instinkthaft begriffen wurde, sondern weibliche Fachlichkeit lehr- und lernbar wird und zum Handeln, das auf unmittelbaren kommunikativen Umgang mit Hilfsbedürftigen und zur Beratung befähigen soll.

Aus dem bisher Gesagten wird vielleicht deutlich, warum entweder von Sozial*arbeit* oder aber von Sozial*pädagogik* gesprochen wurde. Es waren die jeweils fürsorgerischen (-arbeit) oder erzieherischen (-pädagogik) Schwerpunkte, auf die der Akzent gesetzt wurde.

Heute sind die wichtigsten Praxisbereiche und Aufgaben (in dem 2. Kapitel wird auf die Gegenstände und Ziele von Sozialpädagogik und Sozialarbeit eingegangen), die sich der Sozialpädagogik und Sozialarbeit stellen, 1. der Bereich der Sozialhilfe (finanzielle Unterstützung, Beratung, Rehabilitation), 2. der Bereich der Gesundheitshilfe (soziale Dienste, Betreuung und Arbeit mit Alten, Behinderten, Kranken und Drogenabhängigen) und 3. der (vielleicht wichtigste) Bereich der Familien-, Kinder- und Jugendhilfe (Beratung, Erziehung, Hilfe und Fürsorge).

Das Berufsfeld der sozialen Arbeit ist demnach ein sehr weites. Absolventen der Studiengänge Sozialarbeit und Sozialpädagogik bzw. Sozialwesen sind im Vorschulbereich tätig, also in Kindertagesstätten, Eingangsstufen und Vorklassen der Grundschulen ebenso in Horteinrichtungen und Sonderschulen. Ein großer Bereich ist die Jugendarbeit in Jugendhäusern und Verbänden/Vereinen sowie die Heimerziehung. Mit entsprechenden Zusatzqualifikationen sind SozialpädagogInnen und SozialarbeiterInnen in der Erziehungsberatung sowie der Partnerschafts- und Eheberatung (z.B. pro familia) tätig. Ein sehr großer Sektor ist die Arbeit in den Sozial-, Jugend- und Gesundheitsämtern. Hier werden sowohl die im Zusammenhang mit dem Bundessozialhilfegesetz (BSHG) entstehenden Aufgaben und Hilfen erledigt, wie auch Beratungen bei der Ausübung des Personensorgerechts und Hilfen für Familien in den unterschiedlichsten Situationen nach dem Kinder- und Jugendhilfegesetz (KJHG). Außerdem findet man SozialpädagogInnen und SozialarbeiterInnen in der Arbeit mit Arbeitsimmigranten (multikulturelle soziale Arbeit), Obdachlosen und Nichtsesshaften, mit Straffälligen und Suchtkranken. Diese Tätigkeiten werden in sehr unterschiedlichem Rahmen ausgeübt: bei den freien Wohlfahrtsverbänden, in Vereinen und bei kommunalen Trägern und Behörden.

Spätestens bei der genaueren Betrachtung dieser Bereiche und auch der Methoden (s. 5. Kapitel) – Einzelfallhilfe, Gruppenarbeit, Gemeinwesenarbeit sowie Beratung – wird deutlich: Eine systematische Trennung der Begriffe Sozialarbeit und Sozialpädagogik ist mittlerweile weder möglich noch sinnvoll. Berufsständische Abgrenzungsversuche halte ich unter den aktuellen Bedingungen sozialpolitischer Interventionen für vergeudete Energien. In der Regel spricht man heute von „sozialer Arbeit" zur Umschreibung der Arbeitsfelder von Sozialpädagogik und Sozialarbeit. Dem wird auch in der Ausbildung Rechnung getragen: eine Reihe von Studiengängen an Fachhochschulen heißen mittlerweile schlicht „Sozialwesen" bzw. „Soziale Arbeit".

> **Hinweis**
>
> Im Folgenden werde ich auch von *Sozialwesen* sprechen, wenn ich die Organisation meine, von *Sozialer Arbeit*, wenn ich den Handlungszusammenhang meine, und denke dabei an die traditionelle Sozialpädagogik, Sozialarbeit und mit Einschränkungen an die Sonder- und Heilpädagogik sowie an den Erzieherinnenberuf.

Die soziale Arbeit und das Sozialwesen sind nun wiederum Teile sozialstaatlicher Strukturen. Die Prämisse (Voraussetzung) demokratischer Rechts- und Sozialstaatlichkeit stellt in der Bundesrepublik Deutschland die „Idee der Freiheit des Menschen in einer freien und gerechten Gesellschaft" (Klafki 1971) dar. Die Bemühungen sozialer Arbeit müssten demzufolge ein mündiges-emanzipiertes Individuum zum Ziel haben. D.h. die Veränderung von problematischen Lebenslagen – z.B. Arbeitslosigkeit, die sowohl existentielle wie psychosoziale Folgen hat; oder Gewalt in der Schule, Leistungsstress, überdimensionierte Freizeit- und Konsumangebote bei Kindern und Jugendlichen – und die bessere Gestaltung des Alltags wären Intentionen der sozialen Arbeit. Von daher möchte ich soziale Arbeit einmal so definieren:

> **Definition**
>
> Soziale Arbeit ist ein sozialwissenschaftliches und praktisch-pädagogisches Instrument moderner Gesellschaften und damit Teil deren sozialpolitisch-administrativen Handlungsapparats. Soziale Arbeit zielt dabei auf spezifische Problem- und Mangellagen von Personen, die weder durch die vorherrschende Art und Weise des Güter-, Arbeits- und Dienstleistungsmarktes ausgeglichen werden, noch von familiären oder ähnlichen privaten Formen.

Ich habe soeben gesagt, dass die soziale Arbeit und das Sozialwesen Teil der Sozialpolitik und der Administration moderner Gesellschaften sind. In diesem Rahmen eingebettet zielen beide auf Problemsituationen von Menschen, die diese nicht in der üblichen Art und Weise des Bedarfsausgleichs, nämlich durch die Teilnahme am Güter- und Arbeitsmarkt, über Versicherungen bzw. Versorgungsansprüche oder die Familie, angemessen regeln können. Damit ist aber mit der sozialen Arbeit eine Eigenart verknüpft, die innerhalb der Profession große Konflikte ausgelöst hat: es geht um den Widerspruch im Handeln sozialer Arbeit zwischen mittlerweile sozialstaatlich garantierten Ansprüchen der Klientel einerseits und ihrer gleichzeitigen Kontrolle durch die Administration andererseits. Dies ist eine Problemkonstellation, die ich gleich an den Anfang der Auseinandersetzung mit dem Studium des Sozialwesens stellen möchte, weil ich sie für die zentrale Problematik dieser Profession halte und meine, jede und jeder Studierende dieses Faches muss sich über die Folgen dieser Doppelgesichtigkeit der sozialen Arbeit (auch für sich selbst) während ihres bzw. seines Studiums Klarheit verschaffen.

Ich möchte dieses für die soziale Arbeit so folgenreiche Problem verdeutlichen:

Im „Fachlexikon der sozialen Arbeit", herausgegeben vom „Deutschen Verein für öffentliche und private Fürsorge" anlässlich seines 100-jährigen Bestehens im Jahre 1980, wurden folgende Aufgaben von Sozialarbeitern und Sozialpädagogen genannt: „...

- Menschen anregen/befähigen, Eigenkräfte zu entwickeln und konstruktiv einzusetzen;
- Menschen befähigen, sich in ihren Beziehungssystemen zu verwurzeln, verantwortlich zu handeln und die Möglichkeiten, die ihnen geboten werden, zu nutzen;
- das Angebot von und die Nachfrage nach Hilfe aufeinander abstimmen und die Verbindung zwischen beiden herstellen;
- Menschen während bestimmter Phasen ihres Lebens begleiten und betreuen; ihnen unmittelbare persönliche Zuwendung und Hilfe geben; Kontrolle zu ihrem Schutz ausüben;
- Ansprüche Hilfebedürftiger vertreten;
- Not entdecken, auf sie aufmerksam und Vorschläge zu ihrer Überwindung machen;
- Menschen zur Hilfe für Mitmenschen sensibilisieren und befähigen;
- Einfluss auf Entscheidungsgremien in Planung/Organisation/Administration nehmen, um Dienstleistungen zu entwickeln und Lebensbedingungen zu verbessern;

– Instanzen der Gemeinde-, Sozial-, Gesellschaftspolitik über Faktoren, die sich störend auf Lebensbedingungen auswirken, informieren." (Fachlexikon 1980, 672/73)[1]

Diese Aufzählung von Tätigkeiten ist sicherlich für jeden, der sich neu mit dem Thema befasst, beeindruckend, wird in ihr doch eine humane Dimension sozialer Arbeit deutlich. Sie hat nur einen Schönheitsfehler: In ihr erscheinen nicht die „Spielregeln", die hinter dieser Aufgabenbeschreibung stecken. Auf diese „Spielregeln" sozialer Arbeit hat aber bereits 1959 der Sozialwissenschaftler Hans Achinger hingewiesen: dass nämlich die Notleidenden lernen müssten, ihren Zustand unter den Titeln zu begreifen, die die Institutionen vorgeben; sie müssen sich an bestimmte Räume in bestimmten Amtsgebäuden, an fixe Sprechzeiten, formelle Zuständigkeiten gewöhnen. Die Hilfesuchenden müssen ihre Leiden so formulieren, dass ihre Forderungen in das gültige Schema hineinpassen. „Leiden, die außerhalb der Dienstzeit auftreten, sind misslich". Ganz allgemein sehen die sozialpolitischen Institutionen einen „... neutralen Durchschnittstyp des Menschen ..." vor, „... bei dem es im Zweifelsfall an Geld oder Gesundheit mangelt". (Achinger, 41f.)

Mit anderen Worten, administrativ geregelte Hilfeleistung definiert diese Leistung, sowohl ihren Inhalt als auch ihre Form betreffend, gleichzeitig selbst. Zu diesem Paradoxon gesellen sich noch eine ganze Reihe von Widersprüchlichkeiten: Meist dann, wenn soziale Leistungen immer nötiger werden, in Zeiten wirtschaftlicher Rezession, werden diese Leistungen auch noch gekürzt und zu Zeiten relativen wirtschaftlichen Prosperierens, werden sie erweitert. Gleichzeitig mit diesem Oszillieren (Hin- und Herschwingen) werden in den Randbereichen der sozialen Sicherung – bei Drogenabhängigen, Obdachlosen, Ausländern, aggressiven Jugendlichen z.B. – die Tendenzen helfender oder polizeilich-repressiver Maßnahmen verstärkt oder abgeschwächt bzw. sie verwischen sich bis zur Unkenntlichkeit.

Damit sind die Bedingungen deutlich geworden, unter denen die soziale Arbeit ihre Aufgabe in unserer modernen bundesrepublikanischen Gesellschaft wahrnimmt:

Sie leistet kompensatorische Ersatzleistungen für Menschen in Mangel- und Problemsituationen, die diese nicht selbst bewältigen, bzw. nicht an den

---

[1] In der 5. Auflage des „Fachlexikons der Sozialen Arbeit" von 2002 ist die Aufzählung abgelöst durch eine allgemeinere Formulierung: „Soziale Arbeit reagiert ... im Wesentlichen auf drei soziale Tatbestände: (1) auf die „Entwicklungstatsache" (Bernfeld), also auf die vielschichtiger werdenden Herausforderungen des Aufwachsens jenseits von Familie und Schule, (2) auf soziale Probleme, alte und neue soziale Ungleichheiten und die damit zusammenhängenden Fragen der sozialen Integration sowie (3) auf die sozialen Risiken der individuellen Lebensführung und der alltäglichen Lebensbewältigung" (Fachlexikon 2002, 844).

Austauschmöglichkeiten des Güter- und Arbeitsmarktes (Arbeitslosigkeit, Krankheit, Unfall, Alter ...) teilnehmen können. Gleichzeitig wird davon ausgegangen, dass alle Mitglieder unserer Gesellschaft grundsätzlich in die Lage versetzt werden und vor allem willens sind, ihre Reproduktion (regelmäßige Wiederherstellung ihrer Arbeits- und Lebensfähigkeit) über die vorherrschende Art und Weise des Güter-, Arbeits- und Dienstleistungsmarktes privat herzustellen. In diesem Balanceakt der staatlichen Sozialpolitik, nämlich einerseits soziale Sicherung zu garantieren bei gleichzeitiger Gewährleistung des Prinzips der privaten Reproduktion über Austauschmöglichkeiten an Märkten, liegt ihre „Sozialisationsfunktion".

These

Die Soziale Arbeit ist in das Paradoxon eingebettet, soziale Sicherheit gewähren zu sollen und gleichzeitig auf die private Lösung der Probleme drängen zu müssen. Sie wirkt somit gleichzeitig sozial integrierend und kontrollierend!

Das ist gemeint, wenn von „Hilfe zur Selbsthilfe" gesprochen wird. Die Bedeutung dieses Widerspruchs für den „helfenden" Anteil der sozialen Arbeit wird im 3. Kapitel behandelt. Die genannten Widersprüche, in die das Sozialwesen eingebunden ist, und die disziplinierenden Effekte sind möglicherweise ihre notwendigen Begleiterscheinungen. Ob diese Widersprüche auch die Voraussetzung der Form der sozialen Sicherung – wie wir sie kennen – sind, und damit historisch mit der Gesellschaft, die sie hervorgebracht hat, entstanden sind, wird im 4. Kapitel überlegt werden. Die wissenschaftstheoretischen Implikationen, die diese Problematik mit sich bringt, werden im Kapitel 7 behandelt.

Das Studium des Sozialwesens

„Sozialarbeiter" war die seit 1959 offizielle Bezeichnung für die auf Höheren Fachschulen ausgebildeten Fachkräfte und Verwaltungsfachkräfte. Dementsprechend gab es seit 1967 den „Sozialpädagogen", der ebenfalls an den Höheren Fachschulen ausgebildet wurde, als Fachkraft für den Bereich sozialpädagogisch/sozialer Arbeit. Die Bezeichnung „Sozialarbeiter" ersetzte die bis dahin geltende Berufsbezeichnung der „Fürsorgerin", der „Sozialpädagoge" stand für die bis dahin geltende Bezeichnung „Jugendleiterin". Der sprachliche Ausdruck seinerzeit war bezeichnend und recht unsensibel gegenüber denjenigen, die diesen Beruf hauptsächlich ausübten: den Frauen.

Seit Gründung der Fachhochschulen 1971 führten beide Ausbildungsgänge zur Graduierung (Soz.-päd. grad. z.B.). Seit dem HRG (Hochschulrahmengesetz) von 1978 und dessen länderspezifischen Anpassungen zur Diplomierung: „Diplom-Sozialpädagoge/In". Die Trennung der beiden Berufsbezeichnungen in zwei Studiengänge entspricht der oben geschilderten Situation.

In der beruflichen Praxis kann man davon ausgehen, dass sich sowohl Arbeitsfelder wie auch Einsatzmöglichkeiten überschneiden. Der für die Bezahlung maßgebliche Tarifvertrag (Bundesangestelltentarifvertrag – BAT) unterscheidet demzufolge nicht mehr zwischen Sozialarbeitern und Sozialpädagogen, sondern zwischen Sozialarbeitern/Sozialpädagogen im „Erziehungsdienst" und im „Sozialdienst".

An den Universitäten und wissenschaftlichen Hochschulen sind die Studiengänge „Sozialpädagogik" Schwerpunkte bzw. Spezialisierungsmöglichkeiten innerhalb der Erziehungswissenschaften. Voraussetzung zum Studium an einer wissenschaftlichen Hochschule ist die allgemeine Hochschulreife – das Abitur.

Circa 90% aller Studentinnen und Studenten des Sozialwesens studieren die entsprechenden Studiengänge an Fachhochschulen (Staba 2003). Wir sprechen mittlerweile von einer „Akademisierung" und „Verwissenschaftlichung" der Sozialen Arbeit (s. Kap. 7).

Die Ausbildung an Fachhochschulen setzt Fachhochschulreife oder allgemeine Hochschulreife voraus (Abitur, Fachabitur, Versetzungszeugnis in die 13. Klasse oder Zugangsprüfung für „besonders befähigte Berufstätige") und dauert in der Regel 6 Semester (3 Jahre). Darauf folgt ein Jahr Berufspraktikum mit der daran anschließenden staatlichen Anerkennung als „Diplom-Sozialpädagoge/In" „Diplom-Sozialarbeiter/In". Bereits abgeleistete Praktika (Erzieherinnen) können anerkannt werden, dies wird durch die verantwortlichen Landesministerien vorgenommen. In Baden-Württemberg, in den neuen Bundesländern und u.a. auch an der FH Wiesbaden z.B. wird eine einphasige Ausbildung praktiziert, d.h. 8 Semester mit zwei integrierten Praxissemestern. In Baden-Württemberg gibt es außerdem eine weitere Ausbildungsmöglichkeit mit sehr hohem Praxisanteil, die „Berufsakademien". Das Studium an Fachhochschulen ist gegenüber dem Universitätsstudium im Wesentlichen durch die kürzere Studiendauer (6 Sem.) und den Praxisanteil gekennzeichnet.

Im Rahmen der Bologna-Vereinbarung werden seit 2000 auch in Deutschland die Bacheor- und Masterabschlüsse in die Ausbildung der Sozialen Arbeit übernommen (Mühlum 2000). Dahinter verbirgt sich die Vorstellung einer internationalen Vergleichbarkeit, Durchlässigkeit und gegenseitigen Anerkennung der Abschlüsse. Mir ist es beispielsweise nie gelungen, Kolleginnen und Kollegen oder auch Studierenden in Großbritannien, Frankreich oder Spanien einigermaßen plausibel zu vermitteln, was eine Fachhochschule und ein Fachhochschuldiplom ausmacht auch im Unterschied zur Universität. Die Einführung der gestuften Abschlüsse würde die internationale Vergleichbarkeit und wechselseitige Anerkennung erleichtern zumal in der europäischen Ausbildungslandschaft und auf dem Arbeitsmarkt.

Gleichzeitig damit wird eine umfassende Studienreform verbunden werden, die hinsichtlich inhaltlicher und didaktischer Entwicklung ansteht. Daraus folgt ebenfalls für die Zukunft eine Auseinandersetzung mit Qualitätsstandards in der Sozialen Arbeit[2]. Soziale Arbeit soll ja spezifische Problemlagen (s. meine Definition S. 14) nicht nur effektiv, also wirksam, sondern auch effizient, d.h. wirtschaftlich bearbeiten (Finis Siegler 1997, 9). Dies ist aber nicht zu haben ohne Verfahren zur Standardbestimmung und Standardsicherung (Heiner 1998; Majewski/Seyband 2002). Die Diskussion über die Ausbildung in der Sozialen Arbeit wird in den nächsten Jahren die Pole 1. Bachelor und Master, 2. Qualitätsstandards und 3. Evaluation (wissenschaftliche Bewertung von Ausbildungsprogrammen) im Fokus haben.

Wie Abbildung 1 zeigt, kann festgestellt werden, dass die Zahlen der Studierenden an Fachhochschulen seit ihrer Gründung stark angestiegen sind.[3]

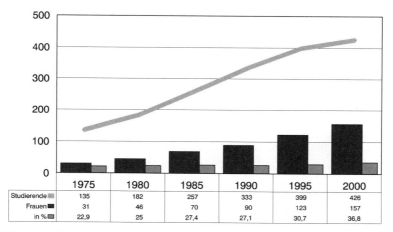

Abb. 1: Studierende an Fachhochschulen (ohne VerwaltungsFHn)
Quelle: BMfBF (2003); seit 1995 alte und neue Bundesländer

---

2 Für die Beratung exemplarisch: Straumann, Ursula (2001): Professionelle Beratung. Bausteine zur Qualitätsentwicklung und Qualitätssicherung. Heidelberg. 2. Aufl.
3 Als Folge der unterschiedlichen Hochschulstrukturen in den alten und den neuen Ländern waren auch die Anteile der Hochschularten nicht einheitlich. In den alten Bundesländern besuchten 73,8% aller Studierenden eine Universität oder Gesamthochschule, 23,5% eine Fachhochschule, 1,5% eine Kunsthochschule und nur 0,9% eine selbständige pädagogische Hochschule. Von den Studenten in den neuen Ländern waren dagegen 87% an den Universitäten eingeschrieben, 9,7% an den pädagogischen Hochschulen und 3,3% an Kunsthochschulen (WS 1990/91; Möncke 1991). Mittlerweile geht die Orientierung der Studierenden eindeutig in Richtung Fachhochschulen (BMfBF 2003). 2005 hatten sich etwa 568.000 Studierende an Fachhochschulen eingeschrieben, davon waren 42% Frauen (Staba 2006)

Insgesamt ist also von 1975 bis zum WS 2001/2002 ein Anstieg der Zahl der Studierenden an Fachhochschulen von sage und schreibe 315% zu verzeichnen. Wie die nächste kleine Tabelle zeigt, ist dieser Anstieg im Wesentlichen den Zuwächsen der Studierenden an den Wirtschaftsfachbereichen an den Fachhochschulen geschuldet. Der Frauenanteil an der Gesamtheit der Studierenden wird beeinflusst durch den geringen Anteil von Studentinnen an den technischen Fachbereichen (vgl. dazu Tab. 1).

Tab. 1: Studierende an FHn nach Fächergruppen

Studienjahr	Sozialwesen	Ingenieurwissenschaften	Wirtschaftswissenschaften
1975	23.179	52.157	21.198
Studienanfänger	7.742	16.470	7.729
Frauen	4.833 (62%)	761 (4,6%)	1.723 (22,3)
1980	30.160	59.210	22.618
Studienanfänger	9.059	17.431	8.169
Frauen	6.048 (67%)	942 (5,4%)	2.311 (28,3%)
1985	31.044	101.998	43.516
Studienanfänger	7.788	25.632	12.196
Frauen	5.458 (71%)	1.862 (7,3%)	3.985 (32,7%)
WS1991/92*)	37.472	202.916	69.702
Studienanfänger	8.721	39.293	13.803
Frauen	6.321 (73%)	5.051 (13%)	5.376 (38,9%)
WS 2001/02	51.901	165.978	112.376
Studienanfänger	9.875	35.713	21.669
Frauen	7.641 (77%)	7.067 (20%)	11.252 (52%)

Quelle: BMfBF 2003; Staba (2003);
*) ab WS 1991/92 alte und neue Bundesländer

Der Anteil Studierender an den Sozialfachbereichen hat sich im Verhältnis zu 1975 demnach 2001 mehr als verdoppelt, der in den Ingenieurfachbereichen hat sich verdreifacht. Wie leicht zu ersehen ist, liegt der Anteil studierender Frauen in den Sozialfachbereichen extrem hoch, bei Studienanfängern im Jahr 2001 bei 77%! Die Gründe hierfür können hier nur vermutet werden. Möglicherweise spielt das tradierte Bild des Berufs der Sozialen Arbeit als Frauenberuf eine gewisse Rolle (vgl. Sachße 1994, 2003).

Die Ingenieurwissenschaften verzeichneten in den 90ern einen dramatischen Rückgang der Studierenden um etwa 40.000 (BMfBF 2003). Dieser ist wohl als eine Reaktion auf die Entwicklung im produzierenden Gewerbe und deren Interpretation durch die Studierwilligen zurückzuführen. Seit dem WS 2001/02 ändert sich die und es schreiben sich wieder mehr Erstsemester ein (Staba 2003). Die Wirtschaftswissenschaften legten in den vergangenen 25 Jahren kontinuierlich über das Fünffache zu. Teilweise wird auf diese Entwicklung mit dem Numerus Clausus geantwortet.

Eine Spezialisierung im eigentlichen Sinne gibt es in den wenigsten Fachhochschulstudiengängen Sozialwesen. Vielfältig sind hingegen die Differenzierungen in Studienschwerpunkte, die in der Regel mit dem Hauptstudium (3. oder 4.-6. Sem.) beginnen. Diese Schwerpunkte oder auch die an vielen Fachhochschulen praktizierten Projektstudiengänge (Integration von Theorie und Praxis) sind sehr unterschiedlich organisiert und abgegrenzt und beziehen sich auf die Vielfalt von Arbeitsfeldern der sozialen Arbeit und deren permanenten Entwicklung. Hier geben die Studienführer – insbes. die kommentierten Studienführer – der Studiengänge Auskunft.

Unter www.che.de und www.stern.de/campus-karriere ist im Internet das Ranking deutscher Hochschulen, Fachhochschulen inbegriffen, des Centrums für Hochschulentwicklung in Gütersloh abrufbar. Kriterien des Rankings sind Studierendenurteil, Studiendauer, Betreuung, Studienorganisation und Professorentipp. Danach ist ein Ranking im Überblick gelistet sowie ein Einzelranking des jeweiligen Fachbereichs bzw. Studienganges. Als Orientierungshilfe kann dieses Ranking allemal dienen. Des Weiteren bietet die Hochschulrektorenkonferenz unter www.hochschulkompass.de umfangreiche Informationen rund um die Hochschulen, Studienfächer und das Studium an.

Zusammenfassung

Ich habe eingangs des Kapitels am Beispiel der Studienmotivation von Studienanfängern versucht deutlich zu machen, welche Unklarheit über die Studiengänge Sozialarbeit und Sozialpädagogik herrschen. In einem nächsten Schritt habe ich kurz die historischen Wurzeln beider Berufsbezeichnungen skizziert und dann eine Definition für die soziale Arbeit gegeben. In der Definition der sozialen Arbeit als Teil staatlicher Sozialpolitik habe ich ihr Dilemma deutlich gemacht: Sie hat integrative und kontrollierende Funktion. Abschließend habe ich einiges über die Bedingungen des Studiums Sozialwesens erzählt und einige Zahlen über die Entwicklung der Studiengänge und Studierenden präsentiert.

Lesehinweise

Amthor, Ralph Christian (2003): Die Geschichte der Berufsausbildung in der Sozialen Arbeit. Weinheim und München.

Berger, Rainer (Hrsg.) (2001): Studienführer Soziale Arbeit. Münster.

Mollenhauer, Klaus (2001): Einführung in die Sozialpädagogik. Weinheim und Basel. Taschenbuch

Sachße, Christoph (2003): Mütterlichkeit als Beruf. Sozialarbeit, Sozialreform und Frauenbewegung 1871-1929. Weinheim und München.

2. Womit hat es die Soziale Arbeit zu tun?

oder: Darstellung ihrer Gegenstände und Ziele

> In diesem Kapitel will ich versuchen, kurz die Gegenstände und Ziele der Sozialen Arbeit zu skizzieren. Anschließend werde ich eine Reihe sozialer Trends in unserer Gesellschaft darstellen und belegen. Außerdem werde ich etwas über deren Auswirkungen auf die Bedingungen und Berufsfelder der Sozialen Arbeit sagen.

Was allgemein als die „Berufsfelder" der Sozialen Arbeit bezeichnet wird, erweist sich bei näherer Betrachtung als eine unübersichtliche und wenig gegliederte berufliche Landschaft. Zumal sich die Tätigkeitsfelder und Aufgabenbereiche überschneiden und berufliche Leitbilder, die eine Systematisierung ermöglichen würden, sich aus den traditionellen Berufsbezeichnungen „Sozialarbeiter" und „Sozialpädagoge" herleiten, die durch ihre Geschichte vermittelt sind und eher miteinander konkurrieren. Ich will hier versuchen, eine – keineswegs vollständige und auch nur grob systematisierte – Zusammenstellung von Tätigkeitsbereichen und Einrichtungen aufzulisten, in denen soziale Arbeit geleistet wird. Arbeitsfelder sind u.a.:

1. Bildung und Erziehung
a) – Vorschulerziehung (Kindergarten, Eingangsstufe, Vorklasse)
   – Schulsozialarbeit
   – Horteinrichtungen
   – Sonderschule
b) – Jugendbildung (Bildungsstätten, Verbände)
   – Jugendarbeit (Jugendhäuser, -zentren)
   – Inobhutnahme (eh. Heimerziehung)
c) – Erwachsenenbildung (Verbände, VHS)
   – Altenbildung (Seniorentagesstätten)
2. Beratung und Hilfe von
   – Familien (Erziehungsberatung, pro familia)
   – Kindern (Spielstuben, sexueller Missbrauch, Misshandlungen)
   – Jugendlichen (Heime, Wohngruppen)
   – Behinderten (ambulant, Behindertenwerkstätten)
   – Kranken (Pflegefälle)
   – Alten (Beratungsstellen, Alten- und Pflegeheime)

3. Beratung und Hilfe für Angehörige spezieller sozialer Gruppen
   - Migranten (multikulturelle soziale Arbeit)
   - Obdachlose (soziale Brennpunkte)
   - Nichtsesshafte („street work")
   - Straffällige und -entlassene (Bewährungshilfe, Jugendgerichtshilfe)
   - Suchtkranke (Beratungsstellen, Therapieeinrichtungen)
   - Kranke (Aidskranke, ambulant, stationär)
4. Arbeit in medizinischer und sozialer Rehabilitation
   - Krankenhäuser
   - Psychiatrie (stat. und ambulante Betreuung)
   - Umschulungsmaßnahmen
5. Berufs- und Bildungsberatung
   - Arbeitsämter
   - Verbände (Gewerkschaften, Parteien, Stiftungen)
   - Weiter- und Fortbildung
6. Sozial-, Jugend- und Gesundheitsämter
   - Hilfen und Entscheidungen nach dem BSHG (Bundessozialhilfegesetz)
   - Beratung in Fragen der Partnerschaft, Trennung und Scheidung
   - Beratung und Begutachtung bei der Ausübung der Personensorge
   - Mitwirkung bei Hilfen außerhalb der eigenen Familie
   - Mitwirkung bei Inobhutnahme
   - Beratung, Exploration, Therapieergänzung.

Es wird vielleicht deutlich, dass bei der Darstellung der Tätigkeitsfelder keine Systematik präzise durchgehalten wurde. Dies liegt an der Materie: jeder Systematisierungsversuch hat seine Schwächen bzw. bleibt unbefriedigend. Versuche ich, die Aufgabenbereiche nach

- Altersgruppen zu gliedern („Von der Wiege bis zur Bahre"), ist dies wenig zufriedenstellend, weil bestimmte Adressatengruppen dann unberücksichtigt bleiben. Eine Systematisierung nach
- Adressatengruppen (Ausländer bis Zivildienstleistende) bleibt genauso unbefriedigend wie die nach
- Funktionen (Qualifikation bis Rehabilitation) oder
- Charakter der Einrichtungen (Ambulant - stationär, offene versus geschlossene Einrichtungen).

In jedem Falle lassen sich eine Unzahl beruflicher Arbeitsfelder auflisten, in denen Absolventen der Studiengänge Sozialpädagogik, Sozialarbeit und Sozialwesen im Prinzip tätig werden können. Ergänzend möchte ich hinzufügen, dass in praktisch allen Bereichen der sozialen Arbeit, öffentliche und private, große und kleine, traditionelle und neue (z.B. „alternative") Träger miteinander konkurrieren und, von unterschiedlichen Problemanalysen ausgehend, verschiedene Wege und Problemlösungen ansteuern.

> **Lesehinweis**
>
> Einen guten Überblick über die Praxisfelder der Sozialen Arbeit bietet:
> Chassé, Karl August/Wensierski, Hans-Jürgen von (2002): Praxisfelder der Sozialen Arbeit. Weinheim und München. 2. Auflage.

Aber nicht nur die herkömmlichen Berufsfelder der sozialen Arbeit (Fürsorge, Jugendbildung, Kindergarten z.b.) haben sich gewaltig ausgedehnt, auch die Zielgruppen haben sich in den vergangenen Jahrzehnten gewandelt und vermehrt. Zusätzlich sind die sozialen Probleme enorm angestiegen. Problemkonstellationen, die beispielsweise bei Gründung der Fachhochschulen in den Jahren 1969-1971 so überhaupt noch nicht abzusehen waren, haben sich schlagartig entwickelt. Wer konnte denn ernsthaft damals davon ausgehen, dass der Bereich der Sucht- und Drogenarbeit und -beratung eine derart zentrale Bedeutung erhalten würde? Ebenso – um nur noch einen Bereich aufzuzählen – war der Bereich der multikulturellen sozialen Arbeit in der Vielfalt seiner Facetten, von der Sozialberatung für Migranten bis zur Familienhilfe und offenen multikulturellen Jugendarbeit im Stadtteil, so nicht absehbar. Und die sozialen Probleme wachsen weiter, werden immer gravierender und unübersichtlicher:

1. Armut

Das gängige Bild von der Bundesrepublik Deutschland ist das einer Wohlstandsgesellschaft. Die Existenz von Armut steht hierzu im krassen Widerspruch. Tatsächlich ist sie eines der reichsten Länder der Erde mit einem jährlichen pro-Kopf-Einkommen 1998 von $ 25.850 (zum Vergleich: Frankreich $ 24.940; Griechenland $ 11.650; Polen $ 3.900; USA $ 29.340; Stat. Jahrbuch/Ausland 2000). Ein enormer ökonomischer Wachstumsprozess in den letzten 50 Jahren hat ein in seiner Höhe früher kaum vorstellbares Wohlstandsniveau hervorgebracht. Andrerseits sind in der Gesellschaft der Bundesrepublik in einem gravierenden Maße Ungleichheiten auszumachen: Festzustellen ist eine dramatische Umverteilung der Erwerbsarbeit, damit verbunden ist auch eine Umverteilung von Erwerbseinkommen. Ebenfalls feststellbar ist ein anhaltender Strukturwandel der gesamten Wirtschaft, der mit dem Stichwort „Informations- und Kommunikationsgesellschaft" oder neue „Dienstleistungsgesellschaft" beschrieben wird. Damit geht ein Wandel des Arbeitsmarktes[1] einher. Erwerbsarbeit ist aber für den

---

[1] Prognos Basel und das Institut für Arbeitsmarkt- und Berufsforschung in Nürnberg stellten in diesem Zusammenhang in ihren Prognosen für das Jahr 2010 eine Tendenz hin zu einer gewaltigen Ausweitung sog. tertiärer Funktionen (d.h. Dienstleistungsfunktionen: Organisations-/Koordinations-/Managementtätigkeiten) bei gleichzeiti-

Großteil der bundesdeutschen Bevölkerung die Voraussetzung der Teilhabe am gesellschaftlichen Wohlstand und am Gütermarkt (sprich Konsum).

Gegenüber dem traditionellen Erscheinungsbild von Armut haben sich die heutigen Formen der Unterversorgung in vieler Hinsicht gewandelt: – Armut im Wohlstand (Döring u.a. 1990; Hanesch u.a. 1994): „Mit dem Anstieg des allgemeinen Lebensstandards hat Armut zwar als physisches Überlebensproblem (absolute Armut) weitgehend an Bedeutung verloren, wird aber in ihrer relativen Dimension – d.h. bezogen etwa auf den durchschnittlichen Lebensstandart in dieser Gesellschaft – immer wieder neu, auf höherer Stufenleiter reproduziert" (Döring u.a. 1990, 9).

Ich habe eben gesagt, dass die Armut mittlerweile in einem gewandelten Kleid daherkommt. Absolute Armut im Sinne existentiellen Überlebensrisikos ist bei uns heute sicherlich die Ausnahme. Aber Armut muss in unserer modernen bundesrepublikanischen Gesellschaft in Relation zu den durchschnittlichen Versorgungsniveaus dieser Gesellschaft bestimmt werden. Danach besteht Armut nicht nur in Einkommensdefiziten, sondern ist mit anderen Aspekten der Unterversorgung und Benachteiligung zu verbinden. Dementsprechend werden in der Armutsforschung „objektive" und „subjektive" Problemlagen untersucht (Riede 1989; Bäcker u.a. 2000, Bd. 1, 231f.). Einer „objektiven" Problemlage wird zugerechnet, wer zu den untersten 10% in der Einkommensskala gehört, mit weniger als einem Wohnraum pro Person auskommen muss, kein Bad innerhalb der Wohnung zur Verfügung hat, keinen beruflichen Ausbildungsabschluss besitzt, alleine lebt bzw. dauerhaft krank oder behindert ist. Zu „subjektiven" Problemlagen der Armut werden gerechnet: oft einsam zu sein, immer wieder Ängste und Sorgen zu haben, gewöhnlich unglücklich und niedergeschlagen zu sein. Deutlich wird hierbei vielleicht, wie abhängig von gesellschaftlicher Entwicklung des allgemeinen Wohlstandes eine Kategorie wie Armut ist. 1948 gab es sicherlich viele Menschen mit geringem Einkommen, die zu mehreren einen Wohnraum bewohnten, kein Bad innerhalb der Wohnung hatten, ohne Ausbildungsabschluss waren und allein lebten und trotzdem nicht arm waren. Vierzig Jahre später sieht dies alles anders aus. 1988 waren 58% der Bevölkerung von einer der neun objektiven und subjektiven Problemlagen betroffen, zwei und mehr Problemlagen sind immerhin bei 29% aller Bundesbürger vorhanden (Riede 1989).

Einer der wesentlichen Gründe für die Entwicklung der Armut ist die deutliche Zunahme der Arbeitslosenquote. Die Zahl der Arbeitslosen stieg in den alten Bundesländern zwischen 1970 und 1983 von 100.000 auf über 2,1 Mio. Im Oktober 2006 lag sie bei 4 Mio., dies entspricht einer Quote von

---

gem enormen Abbau produktionsorientierter Tätigkeiten fest. Dabei sagen sie für tertiäre Funktionen bis 2010 in einer mittleren Variante eine Zunahme von ca. 1.075.000 Arbeitsplätzen voraus bei gleichzeitigem Verlust von 1.772.000 Arbeitsplätzen im Bereich produktionsorientierter Tätigkeiten (Stoss/Weidig 1990).

ca. 9,8% (Staba 2006). Die Zahl der Arbeitslosen und damit die Arbeitslosenquote würden weit höher liegen, wenn nicht ein Teil der potenziellen Arbeitslosen durch arbeitsmarktpolitische Maßnahmen aufgefangen würde. Die Einkommenseinbußen liegen bei ca. 40 bis 45% (Brinkmann 1986, Bäcker u.a. 2000, Bd. 1, 241f.). In der Armutsforschung wird in der Regel die Armutsgrenze bei 50 % des Durchschnittseinkommens angesetzt. Einkommen bis 40 % werden als strenge Armut angesehen und 60% des Durchschnittseinkommens markieren den Niedrigeinkommensbereich (Erler 1998; Bäcker u.a. 2000, Bd. 1, 231f.). Gut ein Drittel der Arbeitslosen ist materiell in einer schwierigen Lage oder sogar Notlage.

Nun kennt die Armutsforschung auch noch den Begriff der „verdeckten Armut". Damit sind jene Haushalte und Personen gemeint, die Rechtsansprüche auf Sozialhilfe haben, diese jedoch, aus welchen Gründen auch immer, nicht in Anspruch nehmen. Neuere Untersuchungen gehen davon aus, dass ca. 30% der Anspruchberechtigten diesen ihren Anspruch nicht wahrnehmen (Hauser/Semrau 1989; Bäcker u.a. 2000, 221f.). Dies bedeutet, wenn 2001 2,7 Mio. Personen Sozialhilfe empfangen haben (Staba 2002), dass weitere 0,9 Mio. Personen Anspruchberechtigte waren, sodass 2001 mindestens ca. 3,6 Mio. Personen arm waren. Das sind 4,5% der bundesrepublikanischen Bevölkerung, ohne Erwerbslose und deren Familienangehörige und sonstige Randgruppen.

> **Hinweis**
>
> Sozialhilfeempfänger und verdeckte Armut plus Erwerbslose und deren Angehörige machen in der Bundesrepublik eine realistische Größenordnung von ca. 12 Mio. Armen aus. Bei einer Bevölkerung von ca. 81 Mio. sind das knapp 15%!

2. Arbeitslosigkeit

Die Arbeitslosenquote lag im Oktober 2006 bei etwa 10%. In den fünf neuen Bundesländern lag sie bei 23% (rund 1,65 Mio.); von den Erwerbslosen sind dort 45% Frauen (Staba 2006). Erwerbslosigkeit ist mittlerweile eine der konstanten Problemfaktoren moderner Gesellschaften geworden. Dies hängt sicherlich auch mit den systematischen Umstrukturierungen von Industrie- zu Dienstleistungsgesellschaften zusammen (s. FN 1). Wesentlich für unseren Zusammenhang sind die psychosozialen Folgen der Arbeitslosigkeit.

Die Einkommenseinbußen liegen bei den betroffenen Personen und Haushalten in der Regel höher, als es nach dem III. Buch des Sozialgesetzbuches SGB III, (Arbeitsförderungsgesetz) zu vermuten ist. Sie liegen bei ca. 45% unter den Männern und bei 40% unter den Frauen (Brinkmann 1986; Bäcker u.a. 2000). Ich hatte schon angedeutet, dass in modernen Gesellschaften die Teilhabe ihrer Mitglieder am Konsum (Gütermarkt) und die private Reproduktion (Wiederherstellung der Lebens- und Arbeitsfähigkeit) über Einkommen aus Erwerbsarbeit hergestellt wird. Dieses Einkommen, d.h. die Höhe und Art bestimmt das Niveau der Teilhabe und vermittelt damit auch einen Teil des sozialen Status von Menschen/Familien in einer Gesellschaft. Erwerbslosigkeit verändert also dramatisch den sozialen Kontext, in dem die Betroffenen leben: soziale Isolierung und/oder gestörtes Selbstwertgefühl werden zu bedeutsamen Belastungen. Da das eigene Rollenverständnis und das Selbstwertgefühl der meisten von Erwerbslosigkeit Betroffenen von den Normen der Leistungsgesellschaft geprägt sind, wird der Verlust von Arbeit als schwerer Makel empfunden (Hess/Hartenstein/Smid 1991; Bäcker u.a. 2000, 342f.). Orientierungslosigkeit, Ratlosigkeit, Hoffnungslosigkeit und Apathie stellen sich ein.

Das krisenhafte Geschehen betrifft nicht den Arbeitslosen allein, sondern den sozialen Zusammenhang, in dem er lebt, die Familie. In dieser sind vor allem die routinisierten Formen der Alltagsbewältigung beeinträchtigt. Die Familie ist häufig nicht immer in der Lage, die psychosozialen Folgen aufzufangen oder abzumildern. Insbesondere bei einem traditionellen Rollenverständnis der Partner führt der „Rückzug in die Familie" nicht zur Stabilisierung, sondern zu einer zusätzlichen Belastung und Überforderung (Hess/Hartenstein/Smid 1991, 191). Auch die Rolle von Kindern ist hier zu nennen, die natürlich von der Arbeitslosigkeit des Vaters, aber auch der der Mutter stark betroffen sind. Veränderte Erziehungsstile und Erwartungen der Eltern an die Heranwachsenden sind die Folge, wenn die Eltern die bis dahin üblichen Konsumstandards ihrer Kinder nicht mehr halten können und ihnen die veränderte Situation nicht klarmachen können!

In den fünf neuen Bundesländern erzwingen weitere Faktoren auch dort die Abkehr von einer individualistischen Betrachtungsweise des Arbeitslosenproblems: Die Erwerbstätigkeit war in der ehem. DDR durch die überaus hohe Integration der Frauen in das Erwerbsleben gekennzeichnet (Erwerbstätigenquote von Frauen 1990: 75% (Staba 1994b). Die Umstrukturierung und der Abbau staatlicher Leistungen der ehemaligen DDR, welche die Eingliederung der Frauen erst ermöglichten (Mutterschaftsurlaub bis zu 3 Jahren bei Garantie des Arbeitsplatzes, Angebot an Krippen und Kindergartenplätzen u.a.), haben eine hohe Arbeitslosigkeit von Frauen zur Folge. Für die betroffenen Familien dürfte sich damit nicht nur von den materiellen Einschränkungen her eine noch schwierigere Situation als in den westlichen Bundesländern ergeben, auch die psychosozialen Folgen dürften andere sein. Nicht zuletzt deswegen, weil die Rollenkonstellation dort stärker über die Arbeits- und Berufsorientierung der Frau bestimmt war. Die „Alternativrolle" der Frau im Haushalt gehörte dort nicht im gleichen Maße wie hier im Westen zur gesellschaftlich anerkannten Alltagserfahrung (Hess/ Hartenstein/Smid 1991, 192).

> **These**
>
> Die Arbeitslosigkeit führt zum sozialen Abstieg von Menschen, die bisher ihre soziale Existenz selbstverantwortlich über die Teilnahme am Arbeitsmarkt abgesichert haben. Dieser Abstieg verursacht Ängste vor Stigmatisierung und vor Abhängigkeit von staatlicher Hilfe. Das Vertrauen in wohlfahrtsstaatliche Leistungen schwindet mit den Erfahrungen von Kürzungen der Sozialleistungen und von abschreckenden Praktiken bei der Vergabe der Mittel.

3. Wandel der Familie

Im letzten Drittel des 20. Jahrhunderts ist ein Wandel der Familie augenfällig. So wird heute von einer Pluralität familialer Lebensformen gesprochen. Folgende demographische Sachverhalte können als Indikatoren der „neuen familialen Lebensformen" gelten:

Der Rückgang der Eheschließungen; Anstieg der 1-Personenhaushalte auf 38% aller Haushalte (Staba 2006). Der Anteil der 1- und 2-Personenhaushalte machte zum letztgenannten Zeitpunkt etwa 60% aller Haushalte aus. Rückgang der Geburtenziffer. Anstieg der Zahl der sog. „nicht-ehelichen Lebensgemeinschaften". 2005 wurden ca. 2,5 Mio. solcher Haushalte gezählt. 2005 wurden 213.691 Ehen geschieden (Staba 2006), die Tendenz ist steigend. Zunahme der Zahl der Ein-Eltern-Familie („Alleinerziehende") und der Kinder mit Stiefeltern (Bien u.a. 2002; Schneider u.a. 2001).

Von einer Vielfalt familialer Lebensformen kann man nun deshalb sprechen, weil gegenüber der traditionellen Kernfamilie, als dem ehemals vorherrschenden kulturellen Muster, die Einpersonenhaushalte, kinderlose Ehen, „nicht-eheliche Lebensgemeinschaften", Alleinerziehende und Stieffamilien zahlreicher und bedeutsamer werden. Aber eine der zentralsten Veränderungen erfuhr die Familie seit den 60er Jahren. Gemeint ist, dass seit dem Beginn der 60er ein Prozess stattfindet, in dessen Zentrum die versicherungspflichtige Erwerbstätigkeit der Ehefrauen und Mütter steht. Für ca. die Hälfte aller verheirateten Mütter sind Ehe- und Hausfrauendasein auf die Dauer keine Alternativen mehr zur versicherungspflichtigen Erwerbstätigkeit. Die „Nur-Hausfrau-und-Mutter-Rolle" wird im Leben der Frauen zunehmend zu einem begrenzten Lebensabschnitt. Die Erwerbstätigenquote verheirateter Frauen betrug 1998 60,5%. Bei verheirateten Frauen im Alter zwischen 25 und 45 Jahren mit Kindern lag 1998 die Erwerbstätigenquote bei 77% (Staba 1999); d.h. in weit mehr als in jeder zweiten Familie ist die Mutter und Ehefrau berufstätig. Zum Vergleich: 1950 lag die Erwerbstätigenquote bei verheirateten Müttern mit Kindern unter 15 Jahren bei 22,8% (Nave-Herz 1988).

Neben den genannten Problemen Armut, Erwerbslosigkeit und dem Wandel in den Familien haben eine Reihe weiterer Faktoren Auswirkungen auf die Entwicklung sozialen Lebens in modernen Gesellschaften:

Wohnraumverteuerung

Die Wohnraumverteuerung ist eine der großen sozialen Schwierigkeiten nicht nur in den Ballungsgebieten. Einhergehend mit der Kardinalfrage, wie der steigende Wohnraumbedarf (Ansteigen der 1-Pers.-Haushalte, steigende Zahl der Studierenden, Zuzug von Aussiedlern und Asylanten, ausländischen Arbeitnehmern etc.) zu bewältigen ist, ist ein enormer Anstieg der m2-Preise für Wohnraum zu konstatieren. Die Folge ist in der Regel, dass große Familien und solche mit geringem Einkommen, Sozialhilfeempfänger und alte Menschen in die städtischen Randzonen oder Trabantenstädte mit unzureichenden Infrastrukturen hinausgedrängt werden. Die sozialen Schwierigkeiten steigern sich gerade in diesen Bereichen und lassen sie zu „sozialen Brennpunkten" (Mühlfeldt u.a. 1988) werden.

Informations- und Kommunikationstechnologien

Die kontinuierliche Modernisierung der Arbeitswelt durch den Einzug der Informations- und Kommunikationstechnologien (Computer, EDV, Telekommunikation, elektronische Medien etc.) und die damit verbundene Vernetzung von Güter- und Dienstleistungsmärkten tragen im Gegensatz zur traditionellen – mechanischen – Automatisierung dazu bei, dass menschliche Kommunikation durch elektronische Kommunikation ersetzt und somit immer abstrakter vom Subjekt wird. Die Menschen werden unfähig zu selbstverständlicher und unkomplizierter Kontaktaufnahme und Kommunikation untereinander. Der Siegeszug von Fernsehen, Video und Telespielen tut das Seinige. Zum ersten Mal in ihrer Geschichte gewöhnen Menschen sich daran, statt der Welt ausschließlich Bilder von ihr ernst zu nehmen (Postman 1988). An die Stelle von Erkenntnisprozessen tritt die Zerstreuung: Jedes Thema, jede Frage, jedes Problem dieser Welt wird im Fernsehen als Unterhaltung präsentiert. Eine Folge ist sicherlich der rapide Verfall von Urteils- und Kommunikationsfähigkeit.

Mobilität von Arbeitskräften

Die von den Arbeitskräften geforderte Mobilität bringt für viele erwachsene und jugendliche Arbeitnehmer den Verlust ihrer Heimatstädte bzw. -länder mit sich. Diese Entwurzelung einerseits und die mit dem Eingewöhnen in neue soziale Bezüge andererseits geforderte Integrationsfähigkeit fordert von den Betreffenden ungeheure soziale kommunikative Energien.

Die eben dargestellten Entwicklungen moderner Gesellschaften beschreiben ein Phänomen, das in der Soziologie unter dem Stichwort „offene Gesellschaft" (Dahrendorf 1990) diskutiert wird. Im Gegensatz zu traditionellen, d.h. geschlossenen Gesellschaften erfordern moderne „offene" Gesellschaften Mobilität. Dabei ist mit Mobilität im weitesten Sinn geographische Wanderung gemeint, die Veränderung ökonomischer Produktionsfaktoren, der Wandel familialer Lebensformen sowie sozialer Auf- und Abstieg. Um es deutlich zu machen: geographische Mobilität meint „die mit dem Möbelwagen" wegen beruflichen Stellungswechsels oder eines Ausbildungsplatzes. Soziale Mobilität meint „die von unten nach oben und umgekehrt"; sozialer Status wird nicht mehr von den Eltern vererbt. Mit der familialen Mobilität ist die Auswahl und Kündbarkeit sozialer Beziehungen gemeint d.h. Scheidungen, Singledasein, nicht-eheliche Lebensgemeinschaften und Alleinerziehende. Die Kehrseite dieser Medaille ist die „Individualisierung" (Beck 1986; Beck-Gernsheim 1994), ein Begriff, der die Folgen dieser Entwicklung zu fassen sucht:

These

Moderne Gesellschaften haben die Tendenz, alle Menschen aus den traditionellen Formen ihres sozialen Zusammenlebens herauszureißen. Bestehende Lebensformen wie Familien, Geschlechterverbände, Milieus, soziale Schichten, Kulturen etc. werden aufgelöst zugunsten absoluter individueller Selbstverantwortung. Diese individuelle Selbstverantwortung findet ausschließlich Anerkennung in marktvermittelten Prozessen.

„Der Begriff Individualisierung soll diese Prozesse der zunehmenden Notwendigkeit der persönlichen Entscheidung über Lebensentwürfe charakterisieren; aufgrund der tief greifenden Veränderung unserer Gesellschaft ist eine einfache Orientierung an vorgegebenen Werten und Normen zunehmend schwierig geworden." (BMFG 1990, 29)

Damit wird ein Prozess skizziert, der für den Übergang zur offenen Gesellschaft aber symptomatisch ist: In offenen Gesellschaften ist alles erlaubt, was nicht ausdrücklich verboten ist, und was erlaubt ist, steht im Belieben der Einzelnen. Prinzipiell jede soziale Rolle kann erworben werden, keine Verbote engen individuelle Lebensplanungen ein. Es sind keine Traditionen oder Familienzugehörigkeiten, die eine soziale Stellung ausmachen oder verhindern, sondern Chancen, Ausbildung und erworbene Fähigkeiten und Kompetenzen. Zugespitzt formuliert bedeutet dieser beschriebene Entwicklungsprozess, dass zur individuellen Planung von Lebensentwürfen eine breite Palette von Auswahlmöglichkeiten nicht nur des Konsums, sondern aller Formen der Mobilität (Dahrendorf 1990) und Vielfalt der Medien gehört. Zu den Wahlmöglichkeiten gehören außerdem auch Anrechte, Zugangschancen ökonomischen und sozialen Zuschnitts.

Aus den bisher dargestellten Entwicklungen und Tendenzen resultieren dann eine Reihe von Problemen, die ihrerseits folgenreich für die soziale Arbeit sind. Die Wandlungen in den familialen Mustern des Zusammenlebens, zumal bei gehäuft auftretenden Scheidungs- und Trennungsverfahren und den dabei betroffenen Kindern und Jugendlichen, sowie der Entwicklung von Stieffamilien, erfordern ein hohes Maß an Beratung und Hilfen. Generationenverhältnisse und Geschlechterbeziehungen verwandeln sich. Des Weiteren zeigen ökologische Warnsignale (z.B. Treibhauseffekt), dass die bisherigen Formen großindustrieller Produktion an unüberschreitbare Grenzen stoßen. Die Gentechnologie demonstriert, dass und wie menschliches Erbgut verfügbar und manipulierbar wird. Diese Wandlungsphänomene in modernen Gesellschaften sind u.a. Ursache für Lebens- und Zukunftsängste vieler Jugendlicher. Daraus erwachsen aggressive Reaktionsmuster wie steigende Kriminalität und Ausschreitungen gegen Minoritäten. Aber auch destruktive Handlungen wie erhöhter Drogenkonsum, Medikamentenmissbrauch und steigende Selbstmordraten. All diese geschilderten Probleme und ihre Folgen sollten deutlich machen, dass und wie sich die zentralen Fragen in der sozialen Arbeit ändern. Mit anderen Worten, „die mit gesellschaftlichen Strukturveränderungen einhergehenden Krisensituationen stellen die Fachkräfte unterschiedlicher Professionen im Bereich der psychosozialen Versorgung vor Probleme, die zu einer Neuorientierung beruflichen Handelns zwingen." (Straumann 1990, 8) So drückte eine Kollegin die Schwierigkeiten aus, die in der sozialen Arbeit auf die dort Tätigen warten.

> **Zielrichtung sozialer Arbeit**
>
> Sie muss zum einen auf Anforderungen und Zwänge reagieren, die Lebenssituationen Menschen stellen, und sie muss auf die Entwicklungs- und Bewältigungsmöglichkeiten einwirken, die diese für die Bewältigung der Mangellagen zur Verfügung haben.

Mittels Einsatzes spezifischer beruflicher Methoden (s. Kapitel 5) wird Hilfe bei der Entwicklung von Beziehungen und Förderung von Prozessen geleistet. Eine den gesellschaftlichen Strukturveränderungen adäquate soziale Arbeit sollte

– Menschen zu eigenständigen Entscheidungen und verantwortlichem Handeln bei der Gestaltung ihres Lebens, den Aufgaben die es ihnen stellt, und den Anforderungen, denen sie begegnen, befähigen;
– konstruktive Lösungen von Problem- und Konfliktsituationen ermöglichen;
– gesellschaftliche und soziale Defizite ausgleichen sowie die Teilnahme aller Mitglieder an gesellschaftlichen Auswahlmöglichkeiten und Zugangschancen der Mobilität und Freiheit eröffnen helfen.

Das Ziel sozialer Arbeit wäre somit ein Gleichgewicht zwischen den Ansprüchen auf Selbstverwirklichung und der Fähigkeit und Bereitschaft, Lebensaufgaben zu lösen (Fachlexikon 1980, 672)[2].

Zusammenfassung

Die Soziale Arbeit berät und hilft Kindern, Jugendlichen, Erwachsenen und alten Menschen. Im Sozialwesen Tätige arbeiten mit Familien, Obdachlosen, Sozialhilfeempfängern. Sie arbeiten auch mit psychisch und körperlich behinderten Menschen. Diese Arbeit wird auf Ämtern, in Schulen, in Verbänden, in Betrieben, in Heimen und in Strafvollzugsanstalten oder anderen Institutionen geleistet. Die sozialen Probleme, wie Arbeitslosigkeit, Armut, Formen des Zusammenlebens von Familien, die hinter dieser Arbeit stehen, wachsen und verändern sich ständig. Im Unterschied zu anderen Berufen, in denen hochspezialisierte Hilfen angeboten werden, ist es das Besondere der Sozialen Arbeit, der Vielzahl der Interdependenzen (wechselseitigen Abhängigkeiten) sozialer Entwicklungen Rechnung tragen zu müssen.

Lesehinweise

Bäcker, Gerhard/Bispinck, Reinhard/Hofemann, Klaus/Naegele, Gerhard (2007): Sozialpolitik und Soziale Lage in Deutschland. Wiesbaden. 4. Aufl.

Chassé, Karl August/Wensierski, Hans-Jürgen von (2004): Praxisfelder der Sozialen Arbeit. Weinheim und München. 3. Aufl.

Otto, Hans-Uwe/Thiersch, Hans (2005): Handbuch Sozialarbeit/Sozialpädagogik. München 3. Aufl.

Thiersch, Hans (2005): Lebensweltorientierte Soziale Arbeit. Aufgaben der Praxis im sozialen Wandel. Weinheim und München. 6. Aufl.

---

2 In der 5. Auflage dagegen heißt es: „Im Kern ist soziale Arbeit eine Form der direkten oder indirekten personenbezogenen Dienstleistung. Sie begleitet, berät, unterstützt, pflegt und betreut Personen, die der Hilfe bedürfen, sie versucht aber auch soziale Situationen bzw. die sozialen Bedingungen des Lebens zu verändern" (Fachlexikon 2002, 844).

3. Was hat Soziale Arbeit mit Helfen zu tun?

oder: Moderne Dienstleistungsbetriebe

> In der Sozialen Arbeit findet seit einiger Zeit ein Umdenkungsprozess statt. In diesem Kapitel will ich mich mit der Frage beschäftigen, in welche Richtung sich die Soziale Arbeit – moderne Dienstleistung oder ehrenamtliche bzw. Laienarbeit – aus dem einmal vorhandenen Image der Nächstenliebe und des „Helfens" entwickelt und welche Folgen dies für den Beruf hat.

Ich hatte eingangs des ersten Kapitels berichtet, dass für viele Studentinnen und Studenten, die das Studium der Sozialen Arbeit aufnehmen, ein Motiv ganz wesentlich zu sein scheint: Die meisten Studienanfängerinnen und -anfänger wollen „etwas mit Menschen zu tun haben". Das aber nicht in irgendeinem Dienstleistungsberuf, sondern sie wollen „helfen"! Diese Vorstellungen vom „Helfen" beziehen sich auf alle potentiellen Berufsfelder, von der Arbeit mit Kindern, über Beratungstätigkeiten bis zur Altenarbeit. Nun ist Helfen wollen an sich erst einmal nichts Schlechtes und hat über lange Zeit das berufliche Selbstverständnis der sozialen Arbeit bestimmt. Die Hilfe für Gefallene und Notleidende war das unhinterfragte Credo der traditionellen, christlich geprägten Fürsorge (Caritas) und bestimmt durchaus noch heute die Alltagspraxis bei einigen der großen Wohlfahrtsverbände. Einer der Theoretiker der sozialen Arbeit formulierte dies 1962 so: „Hilfe ist eine Urkategorie menschlichen Handelns überhaupt, ein Begriff, der nicht weiter zurückführbar ist außer auf den des gesellschaftlichen Handelns überhaupt, ..." (Scherpner 1962, 122). In dieser Argumentationsfigur lag natürlich bereits die Begründung dafür vor, dass der Beruf der sozialen Arbeit nicht vergleichbar sei mit Erwerbsarbeit schlechthin oder irgendeiner Dienstleistung, sondern eine besondere Berufung ausmacht. Damit war auch eine Begründung für die „ehrenamtliche" Fürsorgetätigkeit gegeben, auf die ich noch später in diesem Kapitel zu sprechen komme.

Wenn Studentinnen und Studenten zu Beginn ihres Studiums mit ihrem zukünftigen Beruf das Moment des „Helfens" verbinden, steckt da sicherlich etwas anderes oder eher selten christliche Nächstenliebe dahinter. Viel eher ist die Vorstellung des Berufs der sozialen Arbeit mit der Idee verbunden, dass man in einer Gesellschaft, die überwiegend durch Konsum, Geld und Macht bestimmt ist, auch *geben* kann. Dies bedeutet aber für dieses Berufsfeld, dass Berufstätigkeit dauerhaft an Menschen gebunden wird, die bedürftig sind, die Hilfe brauchen. Es geht dabei immer auch um die Frage, wie man handeln soll, welche Regeln eingehalten und welche Werte realisiert werden sollen (Schneider 1999).

> **Exkurs: „Helfersyndrom" und Expertenherrschaft**
>
> Eine Folge des Selbstverständnisses von Helfen für die soziale Arbeit kann nun sein, dass diejenigen, die im Sozialwesen und in der Gesundheitsfürsorge tätig sind, im tagtäglichen Umgang mit Hilfebedürftigen den Umgang mit denen, die ihrer Hilfe nicht bedürfen, verlernen. Mit anderen Worten, die Hilfebedürftigen werden noch hilfloser gemacht als sie tatsächlich sind und bei denen, die anscheinend nicht der Hilfe bedürfen, wird wahrscheinlich ein Defizit gefunden, dem man abhelfen muss. Was ich hier versuche zu beschreiben, hat etwas mit dem Spezifikum der sozialen Arbeit zu tun, auf das ich im 1. Kapitel hingewiesen habe: Soziale Arbeit soll Mangellagen bearbeiten helfen und definiert diese Mangellagen gleichzeitig selbst. Und damit sind wir bereits einer besonderen Berufskrankheit in der sozialen Arbeit auf der Spur.
>
> Der Münchener Psychotherapeut Wolfgang Schmidtbauer, der über lange Zeit in Selbsterfahrungsgruppen mit Angehörigen sozialer Berufe gearbeitet hat, beschrieb diese Tendenz des um jeden Preis Helfen-wollens als „Helfersyndrom": „Wichtigster Inhalt des Helfer-Syndroms ist das Helfen als Abwehr anderer Beziehungsformen und Gefühle. Aus irgendwelchen Gründen ist für den „hilflosen Helfer" die Kontaktaufnahme mit einem bedürftigen Schützling zu einer Art Droge geworden. Dass ihn andere brauchen, wird zum Suchtmittel, auf das er nicht mehr verzichten kann....Der Helferberuf bietet die Möglichkeit, dieses Suchtmittel auf legale Weise zu erwerben. Die hohen Dosen, die sich der Helfer auf diese Weise verschaffen kann, führen zu einer Abstumpfung, die in der amerikanischen Sozialforschung als Ausbrennen (burnout) anschaulich beschrieben wird....der Entzug ist noch unerträglicher, noch unangenehmer. Dieser Konflikt gleicht der Situation des hilflosen Helfers, der für andere da sein muss, aber gerade deswegen selbst verarmt und innerlich hinter seiner Dienstleistungsfassade immer bedürftiger und kümmerlicher wird" (Schmidtbauer, W. 1983, 22).
>
> Jenseits der Tatsache, dass sich Schmidtbauer mit seinen Überlegungen nicht nur Freunde gemacht hat, scheint mir das Helfersyndrom ein Charakteristikum von Angehörigen helfender Berufe zu sein. Das Problem des Helfersyndroms besteht möglicherweise darin, dass das bei den Betroffenen bestehende Bedürfnis, anderen – auch unter Opfern und Verzicht auf Anerkennung – zu helfen, aus untergründigen und ungelösten eigenen Konflikten herrührt. In der Folge kann dann das Helfersyndrom dazu führen, dass die Hilflosigkeit und Bedürftigkeit der Klienten unbewusst zur Kompensierung der eigenen unbearbeiteten Berufsidentität des Helfenden herhalten muss. Damit wird verhindert, dass die Klientel der sozialen Arbeit selbständig und unabhängig von fremder Hilfe wird. Auf diese Weise werden die Klienten der sozialen Arbeit entmündigt und jedweder Selbstverantwortung enthoben.

Nun kann natürlich eine solche „Berufskrankheit" nicht ohne objektive Rahmenbedingungen entstehen und bedeutsam für einen ganzen Berufsstand werden. Ich hatte schon im 1. Kapitel auf den besonderen Charakter der sozialen Arbeit hingewiesen: Da sind einmal die „Spielregeln" der sozialen Arbeit, denenzufolge die administrativ geregelten Hilfeleistungen von der Sozialverwaltung selbst sowohl in ihrem Inhalt als auch in ihrer Form definiert werden. Dazu kommen noch eine Reihe von Widersprüchen besonderer Art: z.B. die Kürzungen von Leistungen in Zeiten ökonomischer Rezession und die Tendenzen zu sowohl helfender als auch gleichzeitig repressiver Maßnahmen. Soziale Arbeit hat ja zugleich integrierende und kontrollierende Funktion. Die damit einhergehende Bürokratisierung und „Entmündigung durch Experten" ist schon seit langem zentraler Kritikpunkt an den helfenden Berufen.

Ivan Illich hat die Kritik an der Expertenherrschaft folgendermaßen auch auf die soziale Arbeit übertragen: „Die neuen Spezialisten, die nichts anderes tun, als solche menschliche Bedürfnisse zu befriedigen, die ihre Zunft erst erfunden und definiert hat, kommen gern im Namen der Liebe daher und bieten irgendeine Form von Fürsorge an. Ihre Zünfte sind tiefer verfilzt als eine byzantinische Bürokratie, internationaler organisiert als eine Weltkirche und stabiler als jeder Gewerkschaftsbund ... Die dominierenden Experten von heute ... gehen nämlich einen Schritt weiter: sie entscheiden darüber was für wen getan werden soll und wie ihre Dienste verwaltet und zugeteilt werden sollen" (Illich 1979, 14). Die Phänomene der „Entmündigung durch Experten" und die Eigengesetzlichkeiten von Institutionen, aufgrund derer soziale Probleme und individuelle Not- und Mangellagen nicht nur nicht gelöst, sondern sogar noch verschärft würden, werden zurückgeführt auf Professionalisierung, Bürokratisierung und Verrechtlichung (Badura/Groß 1976; Olk 1986; Groß 1993). In der Auseinandersetzung über die Grundprobleme der sozialen Arbeit konzentriert sich mittlerweile die Kritik neben den institutionellen, verrechtlichten und bürokratisierten Bedingungen der sozialen Arbeit auf diese selbst und die ihr scheinbar innewohnenden Entmündigungstendenzen.

In der Debatte um die soziale Arbeit werden „Privatisierung" und „Laisierung" bzw. „Selbsthilfe" dem Begriff „Professionalität" gegenübergestellt. Damit steht eine gewandelte Vorstellung von Helfen im Raum (Bäcker u.a. 2000, 332ff.). Das Zentrum dieser kritischen Überlegungen bildet das Problem verfestigter eigengesetzlicher Institutionen, der Verrechtlichung und Regulation, nicht zuletzt das der Zentralisierung und der Sozialstaat insgesamt (Bauer 1988). Bernhard Badura und Peter Groß forderten 1976, im Gegenzug zur einkommensbezogenen und als staatliche Dienstleistung organisierten Sozialpolitik, entgegengesetzte Strategien, „... die weder eine weitere Expansion der Dienste noch eine weitere Professionalisierung und Monetarisierung der Dienstleistungen anzielen". Gemeint war eine „Strategie", die „... sich irgendwo im politischen Niemandsland (bewegt)" (Badura/Groß 1976, 293) und der die „Laisierung" (ehrenamtliche Arbeit und

und Selbsthilfe) als Gegenprogramm zur Professionalisierung galt. Der „Laie" wird als Gegensatz zum Professionellen gedacht.

Der „Einzelne", die „Familie" und die „Selbsthilfe" verkörpern jenen Mythos des Privaten, der in der professionellen und politischen Diskussion vorherrscht (Geißler 1975; Karsten 1987; Olk 1987; Biedenkopf 1998). Dabei scheint sich mit „Privatisierung" die Vorstellung einer qualitativen Verbesserung von Dienstleistungen zu verbinden, und zwar deshalb, weil sie nicht durch den Staat und durch Professionelle erbracht werden.

Nun meine ich, eine solche Kritik gerät unversehens in das ideologische und politische Magnetfeld konservativer Interessen. Denn eine Privatisierung und damit Vermarktung sozialer Dienstleistungen würde die Interessen des betroffenen Klientels noch mehr vernachlässigen. Ebenso erscheint die Forderung danach, soziale Arbeit in die Familie oder andere primäre Bezugssysteme (Selbsthilfe) zu verlagern, auch nur deshalb in hellerem Lichte, weil die Selbsthilfe als Gegenpol zur entmündigenden Welt der bürokratischen Apparate und der professionellen Arbeit gedacht wird. Dabei wird Folgendes übersehen:

> **These**
>
> Die Verlagerung der Sozialen Arbeit aus den familialen Bezugssystemen heraus in gesellschaftliche Institutionen ist zuallererst eine Folge und nicht die Ursache nachlassender Selbsthilfe.

Um dies zu begründen, möchte ich einige Besonderheiten der sozialen Arbeit herausstellen, die meiner Ansicht nach deutlich gemacht werden müssen, soll eine Auseinandersetzung über „Laisierung" oder „Selbsthilfe" geführt werden. Anschließend möchte ich diese These am Beispiel der Auseinandersetzung über das Pflegerisiko alter Menschen belegen.

Soziale Dienstleistungen beruhen im Gegensatz zu marktbezogenen Dienstleistungen (Handels- und Beratungstätigkeiten, Koordinations- und Dispositionstätigkeiten; Stoss/Weidig 1990) auf persönlichen Hilfeleistungen zur Bearbeitung von Problemen und Mangellagen, die von den Betroffenen nicht selbst bewältigt werden können. In den Arbeitsfeldern Erziehung, Beratung und Betreuung zählen zu den Klienten Kinder, Jugendliche, ältere Menschen, Behinderte, Menschen in besonderen Problemlagen (s. Kapitel 2). Die Arbeit wird in diesen Bereichen *für* und *an* Menschen erbracht und ist deshalb kaum rationalisierungsfähig oder „industrialisierbar" (Bäcker u.a. 2000, 334). Für das Erbringen der jeweiligen Leistung ist die gleichzeitige Anwesenheit von Helfenden und Hilfebedürftigen notwendig. Das hat zur Folge, dass die in der sozialen Arbeit tätigen Personen den Rat- oder Hilfebedürftigen in seiner gesamten Persönlichkeit und sein Umfeld berücksichtigen müssen. Dabei spielen natürlich die Arbeitsbedingungen eine nicht zu unterschätzende Rolle. Die Qualität der Leistungen hängt wegen der gleichzeitigen Anwesenheit von Helfenden und Hilfebedürftigen unmittelbar von dem Grad der Arbeitsintensivierung ab. Unter den heute enorm ausgeweiteten Problemlagen der sozialen Arbeit (Kapitel 2) muss sich in vielen Bereichen die Arbeit nach dem akut anfallenden Hilfebedarf richten. Dort sind mittlerweile die oben zitierten „Spielregeln" der sozialen Arbeit, wie beispielsweise in der Sucht- und Drogenhilfe, der Arbeit mit Nichtsesshaften, Straßensozialarbeit (streetwork), außer Kraft gesetzt. Die Arbeitszeiten können sich allenfalls im Verwaltungsbereich nach starren Zeitmustern bewegen, ansonsten ist allenthalben Flexibilität gefordert (Nacht- und Wochenendarbeit, Bereitschaftsdienst usw.). Gleichzeitig steht das Problem von Restriktionen von Kosten und damit Stelleneinsparung bei gestiegenem Bedarf weiterhin im Raum.

Zu den weiteren Besonderheiten der sozialen Dienstleistungen zählt die Tatsache, dass die sozialen Dienste überwiegend öffentlich (aus Steuern und Abgaben) finanziert werden und unentgeltlich in Anspruch genommen werden können. Es dominieren aber im gesamten Sozialbereich die Leistungsangebote der sechs Spitzenverbände der freien Wohlfahrtspflege (Bäcker u.a. 2000, 361f.; Blandow/Wilckhaus 1989). Das sind der Caritasverband, das Diakonische Werk, das Deutsche Rote Kreuz, die Arbeiterwohlfahrt, der Deutsche Paritätische Wohlfahrtsverband und der Zentralverband der Juden in Deutschland. Trotz ihrer öffentlichen Finanzierung sind die großen Freien Träger autonom. Was die Arbeitsverhältnisse – zumal bei den großen Wohlfahrtsverbänden – betrifft, kann zusammenfassend gesagt werden, dass für eine große und steigende Zahl von Beschäftigten ein „Normalarbeitsverhältnis" nicht existiert und Flexibilität und Deregulierung den Arbeitsalltag bestimmen (Bäcker 1986, 205). Dazu kommen die ca. 150.000 Zivildienstleistenden und die rund 10.000 Helferinnen und Helfer im freiwilligen sozialen Jahr (Bäcker u.a. 2000, 355).

Die Einkommen der großen Masse der Sozialberufe müssen dem mittleren Teil der Verteilungspyramide zugeordnet werden. Im Regelfall werden die Absolventen der Fachhochschulstudiengänge Soziale Arbeit nach ihrem Berufspraktikum mit der Vergütungsgruppe BAT V b eingestellt, nach 2-4 Jahren folgt in aller Regel die Übernahme nach BAT IV b[1]. Die freien Träger orientieren sich in ihrer Vergütung am BAT.

Die *Kritik an der sozialen Arbeit* hatte sich – wie ich oben dargestellte – an deren Expertenherrschaft und den damit verbundenen Entmündigungstendenzen festgemacht. Sie konzentriert sich auf die Erscheinung sozialer Arbeit als bürokratischer Leistungsapparat (Standardisierung, Typisierung, Formalisierung, Immobilismus), der die Hilfebedürftigen parzelliert, statt sie unter Berücksichtigung ihres je individuellen Falles in seiner psychoso-

---

1 BAT V b (Bundesangestelltentarif) bedeutete 2001 für eine ledige 29-jährige Sozialpädagogin oder Sozialarbeiterin 2.016,80 € monatlich brutto und im gleichen Alter mit einem Kind 2.201,42 €. BAT IV b für die ledige 29-Jährige 2.235,31 € und mit einem Kind 2.419,93 € monatlich brutto (Vergütungen 2001 Hrsg. von der GEW).

zialen Ganzheit zu erfassen. Persönlicher Kontakt und Anteilnahme versinken nach dieser Kritik hinter den Mauern von Distanz und Anonymität. Durch die Professionalisierung der Leistungserbringung, die im Gefolge der Verberuflichung und Verwissenschaftlichung des Sozialwesens eintritt, verschärfen sich die Probleme. Soziale Mangellagen würden durch die Professionals definiert, die Experten errichteten so eine subtile Machtstruktur, die die Betroffenen abhängig macht und sie ihrer Handlungs- und Problemlösungskompetenz beraubt. Dieser Lesart zufolge steigt die Nachfrage nach professionellen Leistungen umso mehr, je mehr durch eben diese Professionalisierung traditionelle Selbsthilfepotentiale geschwächt und zerstört werden! So jedenfalls argumentieren die kritischen Positionen.

Ich möchte jetzt auf meine These zurückkommen, derzufolge die Verlagerung der sozialen Arbeit aus den Familien heraus in gesellschaftliche Institutionen zuallererst eine Folge und nicht die Ursache nachlassender Selbsthilfe ist. Im 1. Kapitel hatte ich Soziale Arbeit definiert als ein sozialwissenschaftliches und praktisch-pädagogisches Instrument moderner Gesellschaften, das damit Teil deren sozialpolitisch-administrativen Handlungsapparats ist. Wenn diese Definition auch nur im Ansatz Gültigkeit beanspruchen soll, dann wird klar, dass die sozialen Dienstleistungen, sozialpolitisch begründet und nicht interessenneutral sind. Über Anbieterstrukturen, Organisations- und Arbeitsformen sowie Ausbildungs- und Berufsstrukturen wird politisch entschieden!

Dieses Problem, nämlich die Verlagerung der Sozialen Arbeit von der „Selbsthilfe" in gesellschaftliche Institutionen, möchte ich an einem Beispiel verdeutlichen: Es gibt eine aktuelle Diskussion darüber, wie in Zukunft das erhöhte *Pflegerisiko alter Menschen* abgesichert werden soll. Es können uns hier nicht die verschiedenen Stufen der Pflegeversicherung interessieren. Vielmehr geht es mir darum, den Problemhintergrund der verschiedenen Lösungsvorschläge zu skizzieren. Geburtenrückgang und steigende Lebenserwartung, vor allem die überproportionale Zunahme der Zahl hochbetagter Menschen und das damit steigende Risiko der Krankheit und Hilfsbedürftigkeit haben zur Folge, dass einer kleiner werdenden Zahl junger Menschen immer mehr hochbetagte, potentiell hilfsbedürftige Menschen gegenüberstehen (Bäcker u.a. 2000, 232f.).

In dieser Diskussion über die Pflegeversicherung wird ein breiter Raum dem Personenkreis eingeräumt, der sich in stationärer Pflege befindet. Hier ergibt sich die Schwierigkeit, dass die Pflegesätze in der Regel so hoch sind, dass sie mit den herkömmlichen Renten nicht zu finanzieren sind. Es muss Sozialhilfe beantragt werden. Diese Bedingungen und menschenunwürdige Verhältnisse in den Pflegeheimen können nun meiner Meinung nach nicht mit Kritik an Professionalisierung, Expertentum und Bürokratie angemessen analysiert werden. Ebenso wenig können daraus Alternativen in Richtung „Selbsthilfe" und „Laisierung" der Hilfe entworfen werden.

Denn die Situation ist nicht der Gleichgültigkeit der Altenpflegerinnen geschuldet oder ihrer Professionalität. Vielmehr sind es die unzulänglichen Rahmenbedingungen in personeller und institutioneller Hinsicht, die den Pflegerinnen einfach keine Zeit mehr für ein Gespräch oder eine menschliche Geste lassen. Wenn – dann muss hier von Personalschlüssel, Integration von ambulanter und teilstationärer Hilfe und Reform der Heime gesprochen werden.

Einige Details sind für die Einschätzung noch wichtig: Wie das Statistische Bundesamt mitteilte, waren 1999 2,2 Mio. Menschen pflegebedürftig und wurden zu etwa 75% von ihren Familienangehörigen versorgt (Staba 2001). 740.000 Pflegebedürftige waren älter als 85 Jahre. Für die alten Bundesländer wurde auf der Grundlage einer Erhebung von Heimplätzen ein Heimanteil für die über 70-Jährigen von lediglich 5% geschätzt (Mayer, K.U./ Baltes, P. 1996, 490, 605). Nach dieser Studie wurden 75% der Pflegebedürftigen durch Familienangehörige versorgt. Werden die Ergebnisse anderer Studien berücksichtigt, dann übernehmen Familienangehörige sogar zu 85-95% die Pflege alter Menschen (Socialdata 1987). Dabei wird deutlich, dass auch heute Ältere keineswegs von ihren Familienangehörigen in Pflege- oder Altenheime „abgeschoben" werden. Es zeigt sich, dass sich familiäre Hilfe durch hohe Leistungsfähigkeit, Verbindlichkeit und Dauerhaftigkeit auszeichnet. Wird über diese Hilfe geredet, dann muss aber vor allem über die „ehrenamtliche" oder „Laienhilfe" von Frauen geredet werden.

Die Bevollmächtigte der Hessischen Landesregierung für Frauenangelegenheiten hat 1988 eine Untersuchung über familiäre Pflegeleistungen und die Belastungen für die Pflegenden durchführen lassen. In dieser Studie wird deutlich, dass gegenüber den familiären Hilfeformen die institutionelle Versorgung geringe Bedeutung hat. Lediglich 4% der über 65-jährigen pflegebedürftigen Personen leben in Pflegeheimen oder -abteilungen. Es sind die Ehefrauen, Töchter und Mütter, die über die normale Hausarbeit hinaus den familiären Hilfeverpflichtungen fraglos folgen. Mit einem Anteil zwischen 75% und 94% bilden diese Frauen unter den Pflegepersonen deutlich die Mehrheit (Bevollmächtigte der hessischen Landesregierung für Frauenangelegenheiten 1988, 9).

Das Prinzip der *Subsidiarität* öffentlicher Versorgungsleistungen (Nachrangigkeit sozialer Dienste) bedeutet, dass öffentliche soziale Dienste lediglich familienergänzende Funktion haben sollen. Die Verfasserinnen der Untersuchung zeigen, dass so organisierte Hilfeleistung dazu führt, dass die Frauen erst dann unterstützt werden, wenn die eigenen Ressourcen nicht mehr ausreichen (Bevollmächtigte ..., 172). Die Autorinnen weisen nach, dass das Fehlen öffentlicher begleitender Dienstleistungen zu Überbelastungen führt, aus der dann im Laufe der Zeit eine geringere Pflegebereitschaft resultiert. Nach Meinung der Autorinnen muss die Pflegende aber wählen können, welchen Umfang der Pflege sie freiwillig zu übernehmen bereit ist. Ansonsten führt eine ohne innere Bereitschaft übernommene Pflege zu einem verstärkten Belastungsdruck und deren negativen Folgeerscheinungen. Im Endergebnis kommt die Untersuchung zu dem Schluss, dass soziale begleitende Dienstleistungen zur Stabilisierung familiärer Pflegebereitschaft beitragen! Dasselbe gilt natürlich für die pflegebedürftigen Menschen in gleichem Maße. Auch sie müssen entscheiden können, welche Art Hilfe sie in Anspruch nehmen wollen. Denn auch familiäre Hilfe hat ihre Schattenseiten. Sie ist nicht per se human, selbstbestimmt, ganzheitlich und hierarchiefrei. Die einzigen Experten, die in der Lage sind zu entscheiden, ob sie Hilfe in Anspruch nehmen wollen und welcher Art diese Hilfe sein soll, sind die Betroffenen selbst. Damit hier die Autonomie der Betroffenen gewährleistet ist und diese nicht auf Sozialhilfe angewiesen sind, muss eine Palette von ambulanten begleitenden sozialen Dienstleistungen zur Verfügung stehen. Dann können Pflegebedürftige und Pflegepersonen angemessen über Art und Umfang der Pflegeleistung entscheiden. Dass dies möglich ist, zeigen die Beispiele aus Holland und Schweden (Baldock/ Evers 1991).

Um das Dilemma aufzulösen, hohen und steigenden Bedarf nach sozialen Dienstleistungen befriedigen zu müssen, andererseits die öffentlichen Haushalte aber nicht zu belasten, wird von liberaler Seite die *Privatisierung* dieser Dienstleistungen vorgeschlagen. Es lässt sich aber zeigen, dass entgegen den Hoheliedern auf eine Privatisierung sozialer Dienste, diese weder automatisch kostengünstiger noch sozialpolitisch effektiver sind als bedarfsbezogene öffentliche Leistungsangebote. Das Einzige, was erreicht wird, sind Belastungsverschiebungen: an die Stelle von Beiträgen oder Steuern treten Preise. So wird beispielsweise durch die Ausweitung von Privatversicherungen für Pflegebedürftigkeit gerade keine allgemeine Risikoabdeckung geschaffen. Vielmehr wird auf dem Versicherungsmarkt erreicht, dass aufgrund der Besonderheit desselben, neue Kapitalanlagemöglichkeiten geschaffen werden. Dies hat ein Zurückdrängen der durch den Solidarbeitrag gekennzeichneten Sozialversicherung zur Folge. Privatisierungen in diesem Bereich bieten sich darüber hinaus allenfalls bei versicherungsförmigen Risiken an, nicht aber zur Finanzierung von Beratungs-, Informations-, Erziehungs- und Betreuungsdiensten! Gerade diejenigen Bevölkerungsgruppen, die aufgrund ihrer belasteten Lebens- und Arbeitsbedingungen die höchsten Gesundheitsrisiken tragen, werden als „schlechte Risiken" ausgeschlossen oder mit horrenden Prämien belegt. Der Preis der Privatisierung sozialer Dienstleistungen wird also den Bevölkerungsgruppen abverlangt, die aufgrund ihrer sozialen Lage Hilfe besonders nötig haben.

In dem gleichen Zusammenhang will eine andere Diskussionslinie das Dilemma sozialer Dienstleistungen durch „Laisierung" bzw. „Ehrenamtlichkeit" lösen. Dabei muss bedacht werden, ob und inwieweit das Ehrenamt auf Dauer tragfähig ist. Mit anderen Worten: Es ist zu bedenken, dass zum einen die Versorgungsstandards sich nicht verschlechtern und Defizite sozialer Dienste nicht noch verschärft werden. Zum anderen muss das personelle Potential unentgeltlicher Arbeitskraft *freiwillig* auf Dauer zur Verfügung stehen. Problematisch wird der Einsatz von Ehrenamtlichen immer dann, wenn sie zur Erfüllung von Regelaufgaben eingeplant werden, obgleich der Charakter der Freiwilligkeit einem kontinuierlichen, verbindlichen und flächendeckenden Einsatz entgegensteht. Dennoch scheint ehrenamtliche Arbeit eine wichtige Rolle zu spielen. Nach eigenen Angaben können die Spitzenverbände der freien Wohlfahrtspflege auf ca. 1,5 Mio. Ehrenamtliche zurückgreifen (Bäcker u.a. 2000, 344).

Interessanter scheint die Diskussion um die Laisierung eher bei *Selbsthilfegruppen und -projekten* zu sein. Kein anderes Feld „alternativer" sozialer Arbeit hat in den letzten Jahren so im Zentrum allgemeiner wie wissenschaftlicher und politischer Aufmerksamkeit gestanden, wie die Tätigkeit von Selbsthilfegruppen. Nach einer Phase geradezu euphorischer Betrachtung ist es mittlerweile allerdings ruhiger geworden und ist sogar eine gewisse Ernüchterung eingetreten. Die quantitative Größenordnung funktionierender Selbsthilfegruppen im Bereich sozialer Dienstleistungen wurde Mitte der neunziger Jahre auf ca. 70.000 Selbsthilfegruppen geschätzt, in denen etwa 2,65 Mio. Menschen organisiert waren (Bäcker u.a. 2000, 340).

Wesentlich für die Beurteilung der Arbeit von Selbsthilfegruppen ist die in ihnen angelegte Bewältigungsform sozialer Probleme. Diese solidarische Form der Arbeit ist Ausdruck einer Demokratisierung der Hilfen und deshalb – nicht wegen erhoffter Einsparungseffekte – bedürfen diese Gruppen einer sozialpolitischen Förderung und Unterstützung (mit Geld- und Sachmitteln). Bedingung ist allerdings, dass diese Unterstützungen auf Dauer gestellt werden und nicht zur Legitimation einer Sozialabbaupolitik herhalten.

Andererseits müssen die Grenzen der Arbeit von Selbsthilfegruppen im Zusammenhang mit der Entwicklung sozialer Dienste gesehen werden. Alle Erfahrungen zeigen, dass Selbsthilfegruppen wegen ihrer spezifischen Binnenstruktur und Außenwirkung keine sozialpolitischen Versorgungsfunktionen übernehmen können. Bei dem Versuch, dies durch organisatorische und institutionelle Regelungen dennoch zu erreichen, verlieren sie ihre Eigenständigkeit und werden notgedrungen in ihrer Existenz gefährdet. Das für eine allgemeine, bedarfsgerechte Versorgung der Bevölkerung notwendige flächendeckende und dauerhafte Leistungsangebot können Selbsthilfegruppen nicht ersetzen. Dazu kommt, dass die Teilnahme an einer Selbsthilfegruppe wie die Aufkündigung der Teilnahme auf freier Entscheidung beruhen. Das hat zur Folge, dass das Leistungspotential personell, zeitlich und räumlich begrenzt ist. Bei der Mitarbeit wird außerdem ein Mindestmaß an inhaltlicher Übereinstimmung mit den Gruppenzielen und -mitgliedern vorausgesetzt: „Hilfe nur unter Ansehung der Person", so lautet das Prinzip (Olk/Heinze 1985; Bäcker u.a. 2000, 334). Diese Selektivität äußert sich nicht zuletzt schichtspezifisch. Angehörige von Unterschichten sind bei der Beteiligung unterrepräsentiert, obgleich ihre Lebenslage einen erhöhten Hilfebedarf vermuten lässt.

Ich hoffe, ich habe Folgendes deutlich machen können: Zwar wirken die Zukunftsentwürfe „alternativer" sozialer Dienste zwischen Markt und Staat attraktiv, weil sie einen konfliktfreien und konsensfähigen Ausweg aus Arbeitslosigkeit, Finanzklemme und bürokratisch-professioneller Leistungserstellung versprechen. Konfrontiert man sie jedoch mit konkreten sozialpolitischen Anforderungen sowie mit den erkennbaren ökonomischen und sozialen Trends (Kapitel 2) einer hoch entwickelten Gesellschaft, verlieren die Szenarien schnell ihren Glanz.

These

Eine Vermarktung und Privatisierung sozialer Dienstleistungen vernachlässigt die Interessen der Betroffenen noch mehr als dies schon jetzt geschieht. Auch die Verlagerung Sozialer Arbeit in die Familien oder andere primäre Bezugssysteme erscheint nur deshalb in so hellem Licht, weil Eigenarbeit und Selbsthilfe als Gegenpol zur entmündigten Welt der bürokratischen Apparate und Professionals eher gedacht werden, als sie es in der Wirklichkeit sind.

Am Beispiel der verschiedenen Vorschläge zur Bearbeitung des Pflegerisikos alter Menschen wollte ich deutlich machen, dass das Fehlen öffentlicher sozialer Dienstleistungen zu einer Überbelastung der Pflegenden und der betroffenen Familien führt und daraus im Laufe der Zeit eine geringere Pflegebereitschaft resultiert. Damit sollte die *These* belegt werden, dass die *Auslagerung sozialer Arbeit aus den Familien heraus in Pflegeeinrichtungen eine Folge nicht mehr erbringbarer Selbsthilfe ist und nicht umgekehrt, die eingeschränkte Selbsthilfe das Ergebnis ausgeweiteter öffentlicher sozialer Dienste*. Hier dürfen im Interesse der Diskussion über die Funktion der sozialen Arbeit nicht die Folgen von Prozessen mit deren Ursachen verwechselt werden. Insofern können „Laisierung" und „Privatisierung" sozialer Dienste aufgrund ihrer geschilderten inneren Widersprüche gerade nicht die Ansprüche an zeitgemäße und zukunftsorientierte Muster sozialer Dienstleistungen und Sicherungen erfüllen. Ebenso wenig können sie hilfreich sein im Interesse einer Balance zwischen öffentlicher und privater Verantwortung gegenüber den Betroffenen.

Unser Ausgangspunkt in diesem Kapitel war das Studienmotiv „Helfenwollen". Nun wird soziale Arbeit heute im Wesentlichen in Form personaler Dienstleistungen erbracht, die ihrerseits durch staatliche Verwaltungen organisiert sind. Um das, was heute von modernen sozialen Dienstleistungen an Hilfeleistungen gefordert ist, angemessen deutlich machen zu können, muss nochmals auf *Besonderheiten dieser sozialen Arbeit hingewiesen werden*.

> **Hinweis**
>
> Soziale Dienstleistungen haben bei ihrer Entwicklung im Laufe des letzten Jahrhunderts (s. Kapitel 4) die klassischen Muster industrieller Entwicklung sozusagen mitvollzogen. Die Soziale Arbeit ist relativ uniform und einheitlich gestaltet worden. Sie wurde standardisiert (Bürokratisierung) und spezialisiert (Professionalisierung). Abgrenzung und Berechenbarkeit von Aufgaben und Tätigkeiten (Institutionen) waren zentrale Momente unter dem Aspekt ihrer „Effizienz". Sie sollte Gleichbehandlung und Verlässlichkeit (Verrechtlichung) garantieren und war so Spiegelbild einer industriellen Gesellschaft auf dem Weg in die Moderne.

Nun sind jedoch die sozialen und kulturellen Entwicklungen vor allem in den beiden letzten Jahrzehnten gekennzeichnet durch einen um sich greifenden Individualisierungsprozess. Für das Sozialwesen bedeutete dies eine wachsende *Ausdifferenzierung unterschiedlicher Hilfsbedürfnisse* und dass die Aufgabenstellungen komplexer und teilweise auch langwieriger geworden sind. Je mehr sich außerdem die Aufmerksamkeit auf die Bereiche der Krisenintervention, Beratung und Hilfe für Familien mit den jeweils unterschiedlichen individuellen „Lebensumwelten" verschiebt, desto weniger kann der im Einzelfall unterschiedliche Charakter von Hilfebedürfnissen einem einheitlichen Schema, der administrativen Regulierung einer Großinstitution unterworfen werden. Gefragt sind also flexible Arrangements hinsichtlich Zeit und Dienstleistungen. Die unterschiedlichen sozialen „Lebensumwelten" verstärken das Verlangen nach spezifischen Bündeln von Hilfsangeboten. Diese Angebote müssen für die Betroffenen überprüfbar und korrigierbar sein entlang ihren unterschiedlichen Chancen, die geprägt werden durch den finanziellen Hintergrund, die familiäre Umgebung, insgesamt also die psychosoziale Situation von Klienten. Damit sind die in der Sozialen Arbeit Tätigen mit der Forderung konfrontiert, ihre Arbeit nicht nur effektiv d.h. wirksam, sondern auch effizient d.h. wirtschaftlich zu erledigen. Zum einen erfordert dies die Entwicklung fachlicher Standards und zum anderen erscheint Soziale Arbeit als personenbezogene Dienstleistung als wirtschaftliche Tätigkeit, die ökonomischen Rationalitätskriterien folgt (Finis Siegler 1997).

> **These**
>
> Gefragt sind heute Institutionen mit einer besseren Vermittlungsfähigkeit von privaten und öffentlichen Hilfsangeboten, anstelle der traditionellen Dienstleistungs-„Großbetriebe". Entsprechend müssen die im Sozialwesen Tätigen im Interesse einer Problemlösung oder Krisenbewältigung gleichsam „maßgeschneiderte Dienste" entwickeln.

Dies mag sicherlich – gemessen an weiten Teilen der Berufsrealität im Sozialwesen – idealistisch oder weltfremd klingen, je nach Standort und Erfahrung. Andererseits zeigen die Entwicklungen in den Niederlanden und Schweden eine Bewegung von den herkömmlichen standardisierten Handlungsmustern der Sozialadministration in Richtung zu flexiblen, auf individuell unterschiedliche Bedürfnisse zugeschnittene Erstellung von Dienstleistungsmodulen, die in ihrer Qualität überprüfbar sind.

Dies mag eine Entwicklung sein, die in der Zukunft liegt. Aber wenn der industrielle Bereich mit seinen Standardisierungs- und Typisierungsprogrammen auch Vorbildfunktion für die Konstruktion von Sozialadministrationen hatte, dann vielleicht auch in seiner Weiterentwicklung. Die Tendenz industrieller Produktion zeichnet sich ja gerade dadurch aus, dass in der Produktion im Namen von Flexibilität, kleinen Serien, Produktvariationen und Anpassungsfähigkeit an rasch wechselnde Kundenwünsche die Dominanz von Standardisierung abgebaut wird. Im privaten Dienstleistungssektor werden schon lange auf die jeweiligen Bedürfnisse abgestellte maßgeschneiderte Leistungs„bündel" angeboten.

Auf diesem Hintergrund muss der Anspruch „Helfen-wollen" in seinen Auswirkungen für Ausbildung und Beruf unter dem Aspekt des Wandels sozialer Dienstleistungen gedacht werden.

> **These**
>
> Soziale Dienstleistungskonzepte, die weniger versorgend und beschützend (und damit entmündigend) sondern mehr auf Hilfen zur Selbsthilfe abgestellt werden, sind abhängig vor allem von der Verlässlichkeit und Kompetenz von Beratungs-, Vermittlungs- und Hilfeangeboten durch Professionelle.

Die sich rasant vollziehenden kulturellen und sozialen Veränderungen und deren Auswirkungen auf die Anforderungen an soziale Dienstleistungen, machen Hilfeangebote notwendig, die sich auszeichnen durch spezifische Ausrichtung auf die „Lebensumwelten" der Hilfebedürftigen. Es müssen maßgeschneiderte soziale Angebotsbündel von Fall zu Fall neu entworfen werden. Als Anwälte und Experten stehen dann Sozialarbeiterinnen und Sozialarbeiter ihrem hilfebedürftigen Klienten bei und vermitteln als Mitentscheidende Hilfearrangements und Leistungsangebote. Zwei Verfasser bestimmten ihre Position innerhalb der Professionalisierungsdebatte so: „Sozialarbeit könnte damit am ehesten auch die Diagnosen, Intentionen und Interventionen anderer Helfer koordinieren und integrieren. Und schließlich: Es ist kein anderer Beruf in Sicht, der diese ‚Ganzheitlichkeit' realisieren kann" (Mühlum/Kemper 1988, 14). Und dies hat heute noch Gültigkeit.

Zusammenfassung

Ausgangspunkt dieses Kapitels war das Motiv vieler Studienanfänger der sozialen Arbeit „Helfen zu wollen". Anschließend habe ich die Berufskrankheit der sozialen Arbeit, nämlich das sog. „Helfersyndrom" dargestellt. Im nächsten Schritt wurde am Beispiel des Pflegerisikos alter Menschen die Diskussion über „Privatisierung" und „Laisierung" der sozialen Arbeit problematisiert. Dabei vertrat ich die These, dass die Auslagerung sozialer Arbeit aus den Familien in Institutionen Folge und nicht Ursache nachlassender Selbsthilfe sei. Am Beispiel des rasanten sozialen und kulturellen Wandels moderner Gesellschaften versuchte ich die veränderten Anforderungen an soziale Dienstleistungen aufzuzeigen und die daraus resultierenden Folgen für den Beruf der sozialen Arbeit als Experten.

Lesehinweise
Beher, Karin/Liebig, Reinhard/Rauschenbach, Thomas (2000): Strukturwandel des Ehrenamtes. Weinheim und München.
Finis Siegler, Beate (1997): Ökonomik Sozialer Arbeit. Freiburg i. B.
Merchel, Joachim (2003): Trägerstrukturen der Sozialen Arbeit. Weinheim und München.
Schneider, Johannes (1999): Gut und Böse – Falsch und Richtig. Zu Ethik und Moral der sozialen Berufe. Frankfurt am Main.

4. Eine kleine Geschichte der Sozialen Arbeit

oder: Soziale Arbeit und Disziplin

> In diesem Kapitel zeichne ich die wichtigsten Entwicklungslinien in der Geschichte der sozialen Arbeit nach. Vor allem will ich deutlich machen, wie die Bedingungen, denen die Soziale Arbeit unterworfen ist, entstanden sind. Dabei soll klarer werden, wie und warum die beiden Aspekte, Kontrolle und Erziehung, in die Soziale Arbeit hineingekommen sind.

Ursprünge der Sozialen Arbeit

Den Berufsbezeichnungen „Sozialarbeit" und „Sozialpädagogik" liegt eine gemeinsame Geschichte zugrunde. Andere Professionen wie die Medizin oder Jura, legitimieren gern bestimmte Positionen heute mit Rückgriffen auf ihre Geschichte. So bezieht sich die Humanmedizin oft auf Paracelsus, als denjenigen, der das moderne Bild der Medizin mitgeschaffen hat. Desgleichen bezieht sich die Rechtslehre in der Begründung spezifischer juristischer Denkfiguren häufig auf das römische Recht.

Die Soziale Arbeit ist mit ihrer Geschichte nicht im Reinen. Sicherlich hängt dies damit zusammen, dass am Ursprung der Sozialarbeit der mittelalterliche Armenvogt steht, und die Kindergärtnerin des 19. Jahrhunderts auch keine Figur zu sein scheint, mit der Identifikation leicht wäre. Andererseits können durch einen Rückblick in die Geschichte heutige Strukturen in der Sozialen Arbeit, Elemente ihrer Professionalisierung und theoretische Denkansätze deutlich werden. Für die Ausbildung im Sozialwesen halte ich einen Ausflug in ihre Geschichte für unumgänglich. Zum einen um einen Überblick über die Entstehung ihrer Arbeitsansätze zu bekommen, zum anderen, damit die theoretischen Bezugssysteme, die in der Sozialen Arbeit bis heute eine Rolle spielen, deutlich werden.[1]

---

1 Dieser Blick in die Geschichte der sozialen Arbeit bedeutet keine vollständige und akribische Aufarbeitung sämtlicher ihrer historischen Entwicklungen. Ebenso wenig können die vielfältigen regionalen und länderspezifischen Eigenarten dargestellt werden.
Es sollen in diesem Kapitel die großen Linien in der Geschichte der sozialen Arbeit verdeutlicht werden. M.a.W. es geht mir darum, aus der Vielfalt und Verschlungen-

Ursprünglich war soziale Arbeit in vorindustrieller Zeit Armenfürsorge. Und sehr früh schon setzt eine Auseinandersetzung über die Arbeit als *Erwerbsarbeit* ein. Dies war nicht immer so. In der Antike war das Verhältnis zur Arbeit, zumal zur körperlichen Arbeit eindeutig: In der Arbeit lag die Grenze zwischen Freiheit und Sklaverei. Nur wer frei war, also nicht arbeiten musste für seinen Lebensunterhalt, konnte über Politik, die res publica (öffentliche Angelegenheiten) und über Philosophie nachdenken. Demzufolge machte die körperliche Arbeit den Menschen ungeeignet für die politische Betätigung, weil sie den Leib und den Geist verkrüppelte, die Seele entstellte und unedel machte (Plato). Dieser Ansicht nach konnten Bauern, Handwerker oder Kaufleute kein Bürgerrecht haben. Aristoteles erklärte diese Position so: „... denn zur Entwicklung der Tugend wie zur Ausübung staatsmännischer Tätigkeit bedarf es der Muße" (Aristoteles). Damit ist klar, Reichtum, zumindest Wohlhabenheit war Voraussetzung für ein Leben als Freier und Bürger. Wenn Diogenes im Fasse lag und mit Alexander dem Großen über dessen Schatten in der Sonne räsonnierte oder mit der Laterne am helllichten Tag auf dem Marktplatz von Athen nach „Menschen" suchte, musste er sich seinen Lebensunterhalt nicht durch Arbeit verdienen, so viel ist sicher. Reichtum und das Frei-Sein von körperlicher Arbeit galten als Voraussetzung ethischer Vollkommenheit, intellektueller Entfaltung und politischer Betätigung des Menschen (Oexle 1986, 74).

Das Christentum hat in die Antike eine Neubewertung von Armut und Reichtum hineingetragen. Die Maxime „Selig sind die Armen" (Lukas 6, 20) wie auch das Gleichnis vom Reichen und dem Kamel, das eher durch ein Nadelöhr gelangt denn der Reiche in den Himmel, war für die Antike unerhört. Völlig unverständlich musste dem antiken Denken der Griechen wie der Römer die positive Bewertung körperlicher Arbeit durch die Christen erscheinen. Wenn Paulus schreibt: „Ein jeglicher Wirker ist würdig seines Lohnes" (Paulus, Korinther I), so erhält damit die Arbeit einen hohen ethischen Rang. Was aber die Menschen der Antike völlig aus der Fassung brachte, war die christliche Gleichheitsvorstellung. Wenn Fischer und Bauern mindestens gleichgestellt sind mit Senatoren, war für die Antike, die eher materialistisch dachte, ein Punkt erreicht, der ihrem Denken nicht mehr zugänglich war. Nun war allerdings auch das Christentum keine monolithische, in sich wider-

---

heit historischer Fäden, die wesentlichen Strukturen herauszuarbeiten. Diese Strukturen können nicht nur, sie sind sehr häufig gegenläufig und ungleichzeitig verlaufen. Es geht mir um das Endergebnis, von dem aus betrachtet allerdings dann ihre Geschichte als ein geradliniger Prozess, der sie sicherlich nicht war, erscheint. D.h. dieses Kapitel soll der Versuch sein, in der Geschichte der sozialen Arbeit Kontinuitäten aufzudecken, die meiner Ansicht nach wesentlich sind für ihr Verständnis. Den Hintergrund dieser Darstellung bildet die Sozialgeschichte des Mittelalters, der Neuzeit und des 19. und 20. Jahrhunderts. Eine grobe Kenntnis dieser Geschichte wird von mir vorausgesetzt. Es empfiehlt sich in jedem Fall, für eine präzisere Auseinandersetzung mit dem Thema, die am Ende des Kapitels angegebenen Lesehinweise zu verfolgen.

spruchsfreie Religion. Das Neue Testament hat aber folgenreich das Thema Armut und Arbeit wechselseitig aufeinander bezogen und einer günstigen Bewertung unterzogen. Die christliche Verkündungstätigkeit wurde aber auch verstanden als Freisetzung vom Erwerb des Lebensunterhalts durch körperliche Arbeit. Am Ende des 2. Jahrhunderts hatte sich bereits eine Unterscheidung von Klerus und Laien herausgebildet, die sich in den folgenden Jahrhunderten stabilisierte.

Das Verhältnis von Arbeit und Armut wurde im Mittelalter insbesondere durch die *Klöster* geprägt. Die monastischen (klösterlichen) Gemeinschaften, deren Leben und Organisation seit dem 6. Jahrhundert vor allem durch die Ordensregeln des Benediktus von Nursia geprägt wurden, knüpften an das in den neutestamentlichen Apostelgeschichten geschilderte Gemeinschaftsleben der urchristlichen Gemeinden an. Hier wie dort wird weltlicher Besitz strikt abgelehnt. Der Grundgedanke der Ordensregeln Benedikts war der, dass nur im Kloster das rechte Leben in Dürftigkeit und Liebe und Eintracht seiner Mitglieder geführt werden kann. Die notwendigen nützlichen Arbeiten, nur von asketischen Übungen unterbrochen, waren gemeinsam durchzuführen und der Ertrag wurde jedem gleich zugeteilt. Eine radikale Umkehr der antiken Werte tritt uns hier entgegen. Das asketische Prinzip und die körperliche Arbeit wurden zum Lebensinhalt der in klösterlicher Gemeinschaft lebenden Mönche und Nonnen. Diese Prinzipien waren nicht nur theoretischer Natur, sondern hatten Einfluss auf die Lebensführung der Menschen im Feudalzeitalter (Ariès/Duby 1990.II). Die strenge Abgeschlossenheit (Klausur) der Klöster bei gleichzeitiger zeitlich festgelegter Öffnung zur Herberge Fremder und Armer, regelte das Verhältnis zur Außenwelt, das architektonisch Vorbildfunktion für Paläste und Stadtanlagen hatte. Ebenso war die der klösterlichen Askese innewohnende Disziplinierung von Körper und Seele, sowie die in dieser Lebensführung zum Ausdruck kommende Regelmäßigkeit, d.h. Orientierung im zeitlichen Rahmen, bedeutsam für die Lebensführung der klösterlichen Umgebung. Diese zeitlichen Regelzyklen kehrten in den Kollegs, den Werkstätten und nicht zuletzt den Zucht- und Arbeitshäusern der Neuzeit wieder (Foucault 1977, III).

Thomas von Aquin (1225[?]-1274) stellte mit großer Wirkung für die Gesellschaft des Mittelalters die allgemeine Gültigkeit des Arbeitsgebotes zur Gewinnung des Lebensunterhalts heraus. Gleichzeitig erklärte er die Verkündigung des Evangeliums durch Priester, also den Klerus, zur „Arbeit", die von der Verpflichtung zur körperlichen Arbeit befreie. Thomas von Aquin hat die „grundsätzliche Erlaubtheit des Unterhalts durch Bettel" bewiesen (Wiedemann 1979, 89).

Abb. 1: Schlafsaal des Collèges von Navarra (Bibl. nat. Paris)

Der mittelalterliche Begriff von Armut ist sicherlich ein sehr viel mehr umfassender Begriff als unser heutiger. Dies lässt sich an einem Gesetz ablesen, das Friedrich I. Barbarossa 1155 in Bologna zugunsten der Studenten und Schüler erließ. Er bezeichnete sie als pauperes (Arme), die des Schutzes bedürfen (Oexle 1986, 78).

> **These**
>
> Arm war demnach im Mittelalter in erster Linie, wer machtlos und schutzbedürftig war. Daneben zählte vornehmlich in den sich herausbildenden Städten zu den Armen, wer im physischen und materiellen Sinne schutzbedürftig war: Invalide, Kranke und Alte.

Armut bedeutet in diesem relativ neuen Bezugssystem der mittelalterlichen Städte einmal die Grenze, unterhalb derer das Existenzminimum nicht mehr gewährleistet war. Zum anderen den Punkt, jenseits dessen eine „standesgemäße" Lebensführung nicht mehr möglich war. Christoph Sachße und Florian Tennstedt haben diese qualitativen wie quantitativen Aspekte der städtischen Armut einleuchtend herausgearbeitet (Sachße/Tennstedt 1980, 25ff.). In diesem Zusammenhang wird von den beiden auf eine dritte Ebene von Armut hingewiesen: die „Bedürftigkeit". Damit wird das soziale Verhältnis beschrieben, das eine Gesellschaft zum Armen hat. Also die Grenze, die die Verpflichtung zur Unterstützung ausmacht. Die mittelalterlichen Almosentheorien regelten dieses Problem entlang der Kategorie Besitz und/oder Erwerbsarbeit. Das heißt arm im Sinne von bedürftig ist, wer kein Vermögen hat bzw. arbeitsunfähig ist, oder wer zwar arbeitet, jedoch von seinem Arbeitseinkommen seinen Lebensunterhalt nicht bestreiten kann.

Praktische Bedeutung im Sinne strenger Überprüfung der Almosenvergabe bekamen diese Kriterien erst mit den städtischen Armenordnungen der beginnenden Neuzeit. Sachße und Tennstedt unterscheiden demnach vier Gruppen von Armen:

Abb. 2: Notleidende in der Stadt (Holzschnitt des Petrarca-Meisters 1519)

1. Selbständige Handwerker mit geringem Einkommen und Vermögen, die ökonomischen wie außerökonomischen Krisen in besonderem Maße ausgeliefert waren;
2. diejenigen, die unselbständiger Erwerbsarbeit nachgingen (insbesondere Tagelöhner);
3. Angehörige „unehrlicher" Berufe (Schinder, Totengräber, Huren, Spielleute, fahrendes Volk) und
4. die Witwen, Waisen, Krüppel, Alten und Kranken.

Die städtische Armut resultierte also z.T. aus Ursachen, die außerhalb der städtischen Lebens- und Produktionsform liegen: aus Kriegen, Seuchen und Hungersnöten; zu guten Teilen aber auch aus Ursachen, die durch die städtische Produktionsweise selbst hervorgebracht wurden, insbesondere der Abhängigkeit vom Markt und der Entstehung eines städtischen Proletariats (Sachße/Tennstedt 1980, 28).

Wie sah nun die Armenfürsorge im Mittelalter bis etwa zu Beginn des 15. Jahrhunderts aus?

Im Wesentlichen wurde die Fürsorge gegenüber den Armen von der Kirche ausgeübt. Almosen wurden regelmäßig bis zufällig vor Kirchenportalen oder anderen kirchlichen Einrichtungen vergeben. Des Weiteren sind hier die Klöster zu nennen. Nach den Regeln des Benediktinerordens ist jedermann,

Fremder oder Armer, wie Christus selbst zu empfangen. Dies bedeutete für die Klöster eine immense Leistung. Deutlich wird dies in der Buchführung der Totenbücher (Nekrologien), wonach für jeden Toten, dessen an seinem Todestag von der klösterlichen Gemeinschaft gedacht wurde, ein Armer versorgt werden musste. So mussten beispielsweise in dem Benediktinerkloster von Cluny Mitte des 12. Jahrhunderts von etwa 300 Mönchen, die dort lebten und arbeiteten, im Laufe eines Jahres für die 10.000 verstorbenen Cluniacenser, deren Memoria (Gedenken) begangen wurde, 10.000 Arme mitverpflegt werden (Oexle 1986, 79). Für damalige Zeiten war das eine immense Zahl. Eine weitgeübte Praxis war die Almosengabe wohlhabender Bürger oder Adeliger nicht direkt an Arme, sondern an die Kirche. Zu Lebzeiten oder nach dem Tode stifteten sie Teile ihres Vermögens für wohltätige Zwecke kirchlichen Einrichtungen oder Klöster. In diesem Zusammenhang sind die Spitäler zu nennen. Diese Armen- und Leprosenhäuser konnten, wie der Name schon sagt, nur auf einen beschränkten Bereich von Notlagen eingehen. Sie unterstanden im Regelfall der Verwaltung von Klöstern, Bischöfen oder in Form von Stiften auch kommunalen Verwaltungen. Bei den Almosengaben stand nicht die regelmäßige Versorgung der Armen im Vordergrund, sondern vornehmlich die Beförderung des Seelenheils der Spender. Almosen wurden in der Regel auch vergeben, solange Mittel zur Verfügung standen. Und diese Mittel flossen nicht unbedingt regelmäßig, sodass es häufig keine Almosen gab.

Abb. 3: Verteilung von Almosen vor der Kirche (Petrarca-Meister 1519)

Der Schutz der Armen und Bedürftigen gehörte auch zu den Pflichten der Herrscher. Die Fürsorge der weltlichen Obrigkeit war ebenso zufällig geregelt wie die kirchliche. So hat Heinrich IV. (1056-1106) eigenhändig Arme und Kranke gespeist und versorgt. Auch Elisabeth von Thüringen wird in diesem Zusammenhang in der Literatur genannt. Aber die Almosen selbst waren in der Regel nicht auf die optimale Versorgung der Armen ausgerichtet, sondern auf das Seelenheil der Gebenden. Somit stellt sich die soziale Hilfeleistung eher als Nebenprodukt durchaus großzügiger Spenden im Interesse des Seelenheils der Spender ein, als dass sie eine bedürfnisgerechte und regelmäßige Unterstützungsleistung gewesen wäre.

Ganz wesentliche Bedeutung für die Armenfürsorge kamen den genossenschaftlich ausgerichteten Schwurgemeinschaften (conjurationes), den Gilden und später den Zünften zu. In den conjurationes drückt sich im Gegensatz zur Antike, die derartige Vereinigungen scharfen Kontrollen unterworfen hatte, ein gewandeltes Verständnis zum Staat aus. Die staatlichen Hemmnisse waren im Mittelalter weggefallen und die Anlässe zu genossenschaftlicher Selbsthilfe durch ständige Missernten bzw. Ernährungskrisen, Seuchen und Kriege immer wieder neu gegeben. Das wichtigste Ziel dieser sich durch den gegenseitigen Eid der Mitglieder konstituierenden Gruppen war die gegenseitige Hilfe in allen Lebenssituationen, in materieller wie auch ideeller Hinsicht. Das älteste Zeugnis über karolingische Gilden, die dem Dorf zugeordnet werden können und Männer wie Frauen, Priester wie Laien vereinigte, stammt aus dem Jahr 779 (Oexle 1986, 81). Es nennt als Motive des Zusammenschlusses den gegenseitigen Schutz und die Hilfe bei Verarmung, Brand und Schiffbruch. Das, was ganz wesentlich diese Vereinigungen ausmachte, war die Freiwilligkeit des Zusammenschlusses, in der Selbstbindung der Beteiligten durch Vertrag und Konsens, was durch die Eidesformel seine Bestätigung fand. Außerdem war Schutz und Hilfe gegenüber bedürftigen Dritten mitgedacht. Diese Schwurgemeinschaften fanden in den Zünften der Städte der Neuzeit ihre Fortsetzung.

Abb. 4: Bettlerfamilie (Holzschnitt, um 1500)

Ansonsten war die übliche Art der mittelalterlichen Hilfe für Arme und Bedürftige die Bettelei und die private Almosengabe. Die Bettelei ist seit Thomas von Aquin eine allgemein akzeptierte und durchaus legitime Form der individuellen Reproduktion.

> **These**
>
> Insgesamt gilt für die mittelalterliche Armenversorgung, dass keine systematischen Strategien zur Bearbeitung sozialer Notlagen vorhanden waren. Es gab wohl eine organisierte Verteilung von Mitteln, um die Bedürftigen zu versorgen. Dies geschah jedoch nicht in der uns geläufigen Form rationaler Verwaltung und Organisation von Mitteln im Verhältnis zur Bedürftigkeit. Die Logik der Hilfe war vielmehr die der religiös geprägten Mildtätigkeit.

Mit anderen Worten, das Fehlen festgelegter Verteilungsformen und -kriterien hatte zur Folge, dass es den Betroffenen selbst überlassen blieb, wo und wie sie sich ihren Lebensunterhalt zusammenbettelten (Sachße/Tennstedt 1980, 29f.).

Der europäische Kapitalismus

Um die nachfolgende Entwicklung in der beginnenden Neuzeit, nämlich die weitere Umgestaltung des Arbeitsverständnisses und des Armutsbegriffs in den Armenordnungen der Städte im deutschen Reich verständlich zu machen, möchte ich die eigentümlichen Konstellationen am Vorabend der Reformation in Deutschland skizzieren.

Der Feudalismus, wie er aus der Fusion von römischer Spätantike und Germanentum hervorging, war sicherlich kein statisches Sozialsystem. Die Kreuzzüge, die Pilgerzüge nach Rom und Jerusalem und nicht zuletzt die Ostexpansion bedeuteten eine nicht zu unterschätzende Mobilität der feudalen Gesellschaft. Im Gefolge der Kreuzzüge beispielsweise erfuhr der Fernhandel zwischen dem 11. und 13. Jahrhundert einen enormen Aufschwung. Zumal für Deutschland als Durchgangsland für den Warentausch von Süd nach Nord (s. Abb. 5). Die Zirkulation (Wirtschaftskreislauf) auf diesen Fernmärkten hatte wiederum Auswirkungen auf die lokalen Märkte und die Arbeitsteilung. Hans-Ulrich Wehler benennt in seiner „Deutsche(n) Sozialgeschichte" drei wesentliche Faktoren, die eine für den Okzident (Abendland) eigentümliche Konstellation ausmachen, aus der heraus sich der europäische Kapitalismus als beherrschende Wirtschaftsform ausbilden konnte. Der Konsumbedarf stieg seit dem 10. Jahrhundert kontinuierlich bis zu Beginn des 14. Jahrhunderts an. Dies hing nach Einschätzung Wehlers erstens ab von den Schwankungen des gemäßigten Klimas und den natürlichen Ressourcen (Hilfsmittel, Geldquellen), was wiederum einen hohen Aufwand erforderte sich zu kleiden, sich zu ernähren und Wohnraum zu schaffen. Bedeutsam war zweitens die Verschiedenartigkeit des Marktes als lokaler und Fernmarkt. West-, Mittel und Osteuropa bildeten, wenn auch unterschiedlich erschlossen, im Gegensatz zu den antiken Küstenkulturen einen gewaltigen Binnenmarkt. Drittens nahm in diesem Gebiet mit steigenden Bevölkerungszahlen seit dem 10. Jahrhundert, ca. 300 Jahre lang die Massenkaufkraft zu (Wehler 1987, I, 60ff.).

Für die Herausbildung des okzidentalen Kapitalismus wesentlich war die Entwicklung der Städte, als Zentren von Handel und Gewerbe und nicht zuletzt auch politischer Herrschaft (Weber 1964, II). Eine Reihe von Städtegründungen fällt in die Zeit zwischen dem 11. und dem 14. Jahrhundert. Christoph Sachße und Florian Tennstedt zitieren eine Berechnung, nach der im 14. Jahrhundert ca. 3000 Städte bestanden, die sich in einem Netz von durchschnittlich 6 Wegstunden über Deutschland verteilten. Süddeutschland war dabei mit einem dichteren Netz von Städten überzogen. Die Größe der Städte damals darf nicht überschätzt werden. Nur etwa 200 Städte zählten Ende des 14. Jahrhunderts mehr als 1.000 Einwohner, lediglich 8 Städte hatten mehr als 20.000 Einwohner (Sachße/Tennstedt 1980, 24). Köln war zu dieser Zeit mit ca. 40-50.000 Einwohnern die größte Stadt Deutschlands.

Das Charakteristische für die mitteleuropäischen Städte war die Usurpierung (widerrechtliche Aneignung) von Herrenrecht. Die Städte – die berühmtesten Beispiele sind die oberitalienischen Städte (Bologna, Verona, Florenz), die schon im 11. und 12. Jh. sich von den traditionellen Feudalgewalten lossagten und republikanische Selbstverwaltungen errichteten – bildeten sehr früh ein hohes Maß an Selbständigkeit gegenüber dem sie umgebenden Land und der Feudalherrschaft aus. Begonnen hat der Kampf um Sonderrechte seitens der Städte als Schwurgemeinschaften mit spezifischen Immunitätsbegehren (Befreiung von Forderungen) gegenüber der Vielfalt sie umgebender feudaler Herrschaftsansprüche. Dies waren Territorialfürsten, Bischöfe, Fürstbischöfe, Klöster und nicht zuletzt reichsunmittelbar der Kaiser. Aufgrund der aus dieser Vielfalt resultierenden Parzellierung von Herrschaftsansprüchen haben die Städte in konfliktreichen Auseinandersetzungen im Ergebnis revolutionäre Ablösungen von landesherrlicher-klerikaler Herrschaft erreicht. Unverwechselbar beschrieb die inneren Freiheitsräume der Städte, die nun gekennzeichnet waren durch ökonomische und politisch-administrative Selbstverwaltung, häufig genug als Republik, der Satz: „Stadtluft macht frei". Dieser Satz hatte für die Menschen im Mittelalter und der beginnenden Neuzeit eine ganz praktische Bedeutung: In der Stadt galten die feudalen Abhängigkeits- und Gefolgschaftspflichten nicht. Somit wurden die Städte, als Zentren von Handel und Gewerbe, in denen die hauswirtschaftliche Bedarfswirtschaft des Feudalsystems abgelöst wurde von der prinzipiell dynamischen Erwerbswirtschaft, zu den Geburtsstätten des europäischen Bürgertums.

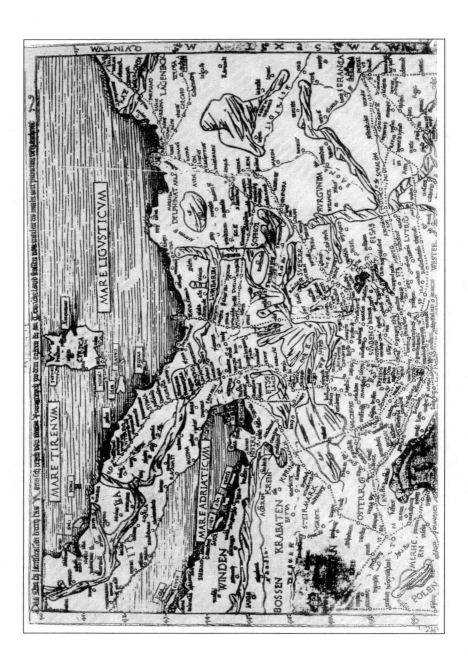

Abb. 5: „Lantstrassen durch das Romisch reych" (Karte v. E. Etzlaub, Nürnberg 1501)

Die Herausbildung des „modernen Kapitalismus" (Sombart) wird zusätzlich durch eine Reihe von Faktoren begünstigt. Da ist einmal der besondere Charakter des *rationalen europäischen Rechts* zu nennen. Dank des römischen Erbes kam es mit seinem Formalismus dem Bedürfnis nach Berechenbarkeit und Verlässlichkeit ganz außerordentlich entgegen. Dem modernen Handelsbürgertum wurde das Moment der Berechenbarkeit und Verlässlichkeit aufgrund immer längerer Handelswege und im Zuge komplizierter werdender Finanzierungen über immer größere Zeiträume in Form von Wechsel- und Beteiligungsgeschäften zunehmend wichtiger. Es musste eine Möglichkeit geschaffen werden, dem alten Prinzip „pacta sunt servanda" (Verträge müssen gehalten werden), Geltung zu verschaffen. Ohne den Kern dieser Rechtsordnung: das private Eigentumsrecht, das sich auf die Verschiedenartigkeit von Gütern, Leistungen, Ressourcen und Transaktionen bezog, ist die Entfaltung des okzidentalen Kapitalismus nicht denkbar (Sombart 1987, II,1; Weber 1964, I, 2).

Des weiteren übte einen nicht minderen Einfluss auf die Entwicklung des neuzeitlichen Kapitalismus, die europäische Staatengesellschaft und die Struktur des *neuzeitlichen Staates* aus (Wehler 1987, I, 61f.). Wettbewerb und Leistungsgedanke waren in den europäischen Staatenbeziehungen, im Gegensatz zu den asiatischen Großreichen, bereits scharf ausgeprägt. In jedem Fall, so scheint es, gab es in den europäischen Staaten eine innere Affinität (Verwandtschaft) zum Wirtschaftsleben. Ein vergleichbarer Geist gesteigerter „Intensität und Rationalität" lebte im neuzeitlichen sich ausbildenden Staat und der aufkommenden neuen Wirtschaftsordnung des Kapitalismus. Sicherlich hat der moderne Staat den Kapitalismus nicht geschaffen. Aber dieser wuchs doch im Schutz und durch die Förderung jenes (*Merkantilismus*) heran. Der säkularisierte (verweltlichte) Staat hat als Garant von rechtlichen und politischen Rahmenbedingungen gewirkt, ohne die sich die kapitalistische Wirtschaft sicherlich nicht so schnell hätte ausdehnen können (Wehler 1987, I, 61ff.). Der Staat kam dem Bedürfnis der kapitalistischen Wirtschaft nach Berechenbarkeit des Funktionierens der staatlichen Ordnung dadurch entgegen, dass er an Rechtsnormen gebunden war. Als er sich zur Durchsetzung seiner Machtansprüche mit den akademisch geschulten Juristen verband, wurden die formalistischen Grundzüge des Rechts noch verstärkt, insofern auch seine Folgen noch besser voraussehbar. Gleichzeitig wurde die politische Herrschaft zunehmend abhängig von einem an Rechtssystematik und Verfassungsprinzipien orientierten Fachbeamtentum und damit im Alltag kalkulierbar (Weber 1964, II; Koselleck 1989). In jedem Fall hat der neuzeitliche Zentralstaat die relative Autonomie des Wirtschaftslebens anerkannt, und nicht nur das. Er hat im Wesentlichen die Garantie von Rechtsnormen übernommen, was vor allem bedeutete: das Recht auf Eigentum und die Absicherung des Handels.

Ein weiterer Faktor, der ganz sicherlich mit der Reformation zusammenhängt bzw. für die Zukunft folgenreich wird, soll nicht unerwähnt bleiben.

In der Geschichte der christlich-jüdischen monotheistischen Religionen liegt, wie ich für das Christentum schon oben versuchte zu erklären, eine nicht nur aufs Jenseitige bezogene Mentalität begründet. Die auf die Lösung diesseitiger Aufgaben gerichteten Aktivitäten, wie das Verständnis der Arbeit als Erwerbsarbeit, verweisen auf den Anfang nüchterner Zweck-Mittel-Überlegungen, in der weder Magie noch Geisterleben Platz haben. Ein solches rationales Konzept fand seine Unterstützung in dem christlichen Appell, sich die Erde untertan zu machen. Im Verein mit der Vorstellung der Gleichheit der Seelen aller Gläubigen wurde daraus langsam die Idee des Individualismus geboren. In der Ausformung dieses „Individualismus" wurden universalistische und leistungsorientierte Normen maßgebend. In säkularisierter Form wurden daraus die Grundlagen der egalitären Ideen der Neuzeit. Jacob Burckhardt beschreibt in seinem Werk über die Kultur der Renaissance in Italien diesen Prozess so:

> „Im Mittelalter lagen die beiden Seiten des Bewusstseins – nach der Welt hin und nach dem Inneren des Menschen selbst – wie unter einem gemeinsamen Schleier, träumend oder halb wach. Der Schleier war gewoben aus Glauben, Kindesbefangenheit und Wahn; durch ihn hindurchgesehen erschien Welt und Geschichte wundersam gefärbt, der Mensch erkannte sich nur als Rasse, Volk, Partei, Korporation, Familie oder sonst in irgendeiner Form des Allgemeinen. In Italien zuerst verweht dieser Schleier in die Lüfte; es entsteht eine objektive Betrachtung und Behandlung des Staates und der sämtlichen Dinge dieser Welt überhaupt; daneben aber erhebt sich mit voller Wucht das Subjektive; der Mensch wird geistiges Individuum und erkennt sich als solches." (Burckhardt)

Schubkraft erhielt dieser Entwicklungszug durch den Protestantismus mit seiner *innerweltlichen Leistungsorientierung*. Die verschiedenen Varianten des Protestantismus und seiner Sekten haben sicherlich einer Ausbreitung des Kapitalismus Vorschub geleistet. Man wird zumindest Max Weber so weit folgen müssen, dass der Protestantismus in der frühneuzeitlichen Gesellschaft mit seinem unbefangenerem Weltverständnis, seiner asketischen Lebensführung und seinem spezifischen Berufsethos erheblich zu einer Ausbreitung des kapitalistischen Geistes beigetragen hat. Seine innerweltliche, asketisch ausgerichtete Lebensführung sollte bedeutsam werden für ein Verhalten, das sich in Zukunft an individueller Leistung und einem spezifischen Arbeitsethos ausrichtete (Weber 1972). Insofern hatte der Protestantismus frühzeitig ein positives Verhältnis zu Handel und Gewerbe, überhaupt zum kapitalistischen Wirtschaften, ohne die Fesseln katholischer Dogmen oder Wuchersanktionen. Dieses positive Verhältnis bestimmte auch seine Position zum städtischen Leben, zu Wissenschaft und Technik – also insgesamt zu den Kräften und Entwicklungen, die zusammen die Konstellationen für den Weg in die Moderne ausbildeten (Wehler 1987, I, 64). Dieser Weg zeichnet sich speziell in Mitteleuropa durch eine erhebliche Mobilität und Flexibilität nicht zuletzt von Wertvorstellungen aus. So ist die Entwicklung vom geschmähten mittelalterlichen Händler und Wucherer zum sozial respektierten „Unternehmer" Indiz für die Durchlässigkeit gesellschaftlicher Rollen und Zeichen für soziale Mobilität wie auch für die Flexibilität sozialer Wertvorstellungen. Der Weg in die sog. „offene Gesellschaft" ist hier bereits vorgezeichnet.

In diesem Zusammenhang muss auch noch die Entwicklung von moderner (rationaler) *Wissenschaft und Technik* genannt werden. In beiden trat der Anspruch, sich die Welt untertan zu machen, deutlich zutage. In den sog. „exakten Naturwissenschaften" und deren experimenteller Fundierung wird die Ausrichtung auf Rationalität deutlich, wie auch die Affinität (Verwandtschaft) zur modernen Produktionsweise des Kapitalismus. Spätestens seit Kopernikus (1473-1543) wird in der Wissenschaft als eine zentrale Prämisse (Voraussetzung) formuliert, dass nicht aus der empirischen (erfahrungswissenschaftlichen) Beobachtung der Vielfalt wirklicher Bewegungsabläufe sich eine verborgene Regel herausziehen lasse. Vielmehr sind umgekehrt Entwurf der Gesetzmäßigkeit und mathematische Formulierung dem Erkenntnisakt vorgeordnet. Es wurde nun nicht mehr nach dem Einfluss der ewig seienden göttlichen Natur auf ein passives Menschensubjekt gefragt, sondern umgekehrt nach dem Einfluss, den der Mensch als aktives Wesen selbst auf die Natur ausübt. Immanuel Kant stellte diese Zäsur in der Einleitung zu seiner „Kritik der reinen Vernunft" folgendermaßen dar:

„Als Galilei seine Kugeln die schiefe Fläche mit einer von ihm selbst gewählten Schwere herabrollen, oder Torricelli die Luft ein Gewicht, ... tragen ließ, ...: so ging allen Naturforschern ein Licht auf. Sie begriffen, dass die Vernunft nur das einsieht, was sie selbst nach ihrem Entwurfe hervorbringt, dass sie mit Prinzipien ihrer Urteile nach beständigen Gesetzen vorangehen und die Natur nötigen müsse, auf ihre Fragen zu antworten, nicht aber sich von ihr allein gleichsam am Leitbande gängeln lassen müsse; denn sonst hängen zufällige, nach keinem vorher entworfenen Plane gemachte Beobachtungen gar nicht in einem notwendigen Gesetze zusammen, welches doch die Vernunft sucht und bedarf" (Kant, 16).

Wissenschaft und Technik, so geprägt durch das Paradigma (Orientierungsmuster in der Wissenschaft) der Rationalität der Moderne, erhielten im Laufe ihrer Entwicklung entscheidende Impulse von den kapitalistischen Chancen, die sich an ihre Verwertbarkeit knüpften. Die technische und darauf folgende ökonomische Verwertung wissenschaftlicher Erkenntnisse hat sich seither immer ausgezahlt – für alle Beteiligten – und hat mittels ihrer ökonomischen Prämien den Fortschritt von Naturwissenschaft und Technik vorangetrieben.

Ein Letztes: unabdingbare Voraussetzung effektiver kapitalistischer Produktion war das Vorhandensein „freier" *Arbeitskräfte*. Arbeitskräfte, die nicht nur rechtlich in der Lage, sondern auch wirtschaftlich genötigt waren, ihre Arbeitskraft zu verkaufen. Das führte auf längere Sicht sowohl zur

Trennung von Haushalt und Betrieb als auch zur Entstehung des neuartigen Arbeitsmarktes. Mit diesem sollte sich nicht nur eine beispiellose geografische und soziale Mobilität durchsetzen. Sondern es entwickelte sich auch eine ebenso beispiellose Mobilisierung der Gesellschaft überhaupt durch den Übergang von Sozialverbänden mit zugewiesenem Status zu sozialen Klassen, die aufgrund ungleicher Güter- und Leistungsverwertung entstanden (Wehler 1987, I, 65).

Zusammenfassung

Auf dem Hintergrund des sich entwickelnden Städtewesens, der Ausprägung rationalen Rechts, des an Rechtsfiguren gebundenen modernen Staatswesens, der beginnenden Individualisierung und mit dem Protestantismus verbundenen Arbeits- und Berufsethik, der Herausbildung fortschrittlicher Wissenschaft und Technik sowie nicht zuletzt eines Arbeitsmarktes äußerte sich eine spezifisch rationale Gesinnung. Dies war ein neuer Wirtschaftsethos, der als „Kapitalistischer Geist" (Sombart) die ökonomische und geistige Entwicklung, spätestens seit der Reformation prägte. Das sind die entscheidenden Faktoren des abendländischen Kapitalismus, der sich darstellte als rationale Organisation der Dauerunternehmung, zunächst im Handelsgeschäft als erster Stätte kapitalistischer Rechenhaftigkeit, dann eines Arbeits- und Herrschaftsverbandes, der seine Produktion mit Hilfe neuer Geschäftstechniken ganz auf den Marktverkehr ausrichtete. Der Erfolg dieser Arbeitsorganisation beruhte darauf, dass private, weitgehend autonom tätige Unternehmer alle sachlichen Produktionsmittel als ihr freies Eigentum kombinierten, mechanisierte Technik und Wissenschaft, Marktfreiheit und Rechtslage ausnutzen konnten. Und endlich komplettierte „die Zaubersprache der doppelten Buchführung" (Goethe) den Siegeszug rationaler Gesinnung.

Von den frühen Formen der Sozialpolitik bis zum Kinder- und Jugendhilfegesetz

Im Zuge der sog. „Agrarkrise" des Mittelalters (Abel 1980), entwickelt sich ein regelrechtes Bettelhandwerk, das die subtilsten Techniken des Erwerbs von Almosen lehrt und organisiert. Gegen diese Entwicklung gerichtet beginnt gegen Ende des 15. Jahrhunderts und zu Beginn des 16. Jahrhunderts in den Städten eine Politik, die sich systematisch mit dem Problem der Armut und der Bettelei befasst. Das Betteln wird generell unter kommunale Verwaltung gestellt und mit polizeilichen Mitteln entlang der Arbeitsfähigkeit und -willigkeit der Armen kontrolliert. Sachße und Tennstedt sprechen von einem Prozess der Rationalisierung und „Sozialdisziplinierung" (Sachße/Tennstedt 1980).

Die bekanntesten Bettel- bzw. Armenordnungen sind die Freiburger Bettelordnung (1517), die Armenordnungen von Nürnberg (1522) und Ypern

(1525). In den Bürgergesellschaften der großen Städte der beginnenden Neuzeit wurde eine Politik entwickelt, die, planvoll und zielgerichtet, als frühe Form der Sozialpolitik bezeichnet werden kann. In der Freiburger Bettelordnung hieß es:

> „Alle die, die das Almosen in Freiburg empfangen, sollen nicht in der Kirche betteln, niemanden zu Übermut veranlassen, weder Gott lästern noch Kuppelei, Spiel oder andere Büberei treiben und sich keinesfalls betrinken. Falls das übertreten werde, werde der Rat harte Strafen verhängen und die Betroffenen gnadenlos der Stadt verweisen" (Fischer 1981, 47).

Die Nürnberger bestimmten:

> „Vor der Durchführung dieses Almosens werden die (Armen-)Knechte mehr als einmal durch die ganze Stadt ... gegangen sein und alle Bürger und Bürgerinnen, die des Almosens bedürftig sind, sorgfältig verzeichnet haben; sie verzeichnen auch, ... wie viel Kinder ein jeder dieser Bettler hat, welches Alter und welche Ausbildung die Eltern und Kinder haben, und ob diese Kinder zum Teil gar in der Lage sind, mit Dienstleistung und ihrer Hände Arbeit ihr Brot zu erwerben und die Unterhaltung ihrer Eltern zu übernehmen; diese werden auch besonders deshalb schriftlich erfasst, um ihnen durch die Pfleger und ihre Helfer in den Handwerken oder sonst wo Anstellung zu verschaffen, damit sie mit Arbeit aufwachsen und mit der Zeit ohne Almosen auskommen können." Weiter heißt es: „Jeder, Mann oder Frau, welcher das Almosen beansprucht ... muss ein offenes Zeichen aus Messing, das dafür besonders angefertigt ist, tragen; und doch ist allen und jedem, ... verboten, in der Stadt ... zu betteln....ansonsten sollen sie sich mit dem, was ihnen durch des Rates bestellte Pfleger und deren zugeordnete Helfer gegeben wird, genügen lassen. Solchen aber, die ohne Zeichen ... angetroffen werden, soll die Stadt ... verboten, oder sie sollen entsprechend ihrer Übertretung sonst wie bestraft werden." Und „Auch soll es allen fremden und auswärtigen Bettlern, die nicht in der Stadt Nürnberg, ... Bürger oder Bürgerinnen sind, verboten sein, ... innerhalb der Gräben und Wälle zu betteln ..." (Winkelmann 1913; Sachße/ Tennstedt 1980, 67ff.)

Gegenüber der mittelalterlichen Form des Almosenwesens gab es in den Bettel- und Armenordnungen eine Reihe von Neuerungen, die die spezifische Stoßrichtung einer frühbürgerlichen „Sozialpolitik" deutlich werden lassen. Zum einen sticht eine ausgeprägte *Kommunalisierung* der Regulierung von Armut und Bettelei ins Auge. Die Zuständigkeit für die Vergabe von Almosen wurde von den kirchlichen Einrichtungen allmählich auf städtische Verwaltungsorgane übertragen. Dies geschah nicht einheitlich und überall gleich. Aber bei der gleichzeitig strenger werdenden Reglementierung der Almosenvergabe entwickelten die Städte erste Anfänge einer „öffentlichen" Gewalt. Dies bedeutete, dass die Armenfürsorge zu einer kommunalen Angelegenheit wurde. Zum Almosenempfang berechtigt waren nur noch diejenigen, die das städtische Bürgerrecht besaßen.

Abb. 6 Nürnberger Bettelzeichen (Sachße/Tennstedt 1980, 35)

Mit dem Begriff der „Bedürftigkeit" hatte ich oben schon darauf hingewiesen, dass die Unterstützungsleistungen mit Kriterien für ihre Vergabe in Verbindung gebracht wurden. In den neuartigen Armenordnungen waren diese Kriterien Arbeitsfähigkeit und -willigkeit, Familiensituation und Erwerbseinkommen. *Rationalisierung* meint in diesem Zusammenhang auch die Vereinheitlichung der Finanzierung der nunmehr in öffentlicher Regie befindlichen Armenversorgung. Auch dies geschah nicht sofort und überall. Vielmehr existierten häufig konkurrierend kommunale Verwaltung und kirchliches Almosen nebeneinander. Grundsätzlich ist die Entwicklung aber überall früher oder später in eine Objektivierung der Almosenvergabe eingemündet. Die verschiedenen Ausgaben für die öffentliche Armenversorgung wurden aus einem einheitlichen Fonds bestritten.

Begleitet war dieser Prozess von einer *Bürokratisierung*: Die Kriterien der Almosenvergabe, sollten die Ordnungen überhaupt greifen, mussten überprüft werden, und es mussten Institutionen geschaffen werden, die diese Überprüfung vornehmen und aktenförmig festhalten konnten. Die Bettelzeichen, die Bedingung waren, um betteln zu können und Almosen zu empfangen, mussten vergeben werden, und die Voraussetzungen dafür mussten kontrolliert werden.

> **These**
>
> In dem Amt des Bettel- oder Armenvogtes wird die Grundlage eines Verwaltungsapparates geschaffen. Dieses Amt repräsentierte die einfachste und früheste Form einer städtischen Sozialadministration.

Interessant ist bei der Betrachtung der Armenordnungen, dass sie ein gewandeltes Bild von Bedürftigkeit vermitteln. Die mittelalterliche Almosenpraxis stellte an den Almosenempfänger keinen Anspruch auf Gegenleistung. Abgesehen einmal von der Selbstverständlichkeit des Dankes in Form der Fürbitte. In den neuen Armenordnungen kam ein deutlicher Anspruch an die Lebensführung der Armen zum Ausdruck. Kritisiert wurde Müßiggang, Trunk und Spiel. In den Vordergrund schob sich die Vorstellung, mittels Erwerbsarbeit den Unterhalt zu erwirtschaften. Aber nicht nur das, sondern auch die Vorstellung, dass Arbeit einen erzieherischen Wert habe. Mit anderen Worten, ein weiteres Kennzeichen der Neuordnung der Armenfürsorge war ihre *Pädagogisierung*!

Für Sachße und Tennstedt hat die geschilderte Entwicklung durch die Armenordnungen zwei zentrale Facetten: einmal, so meinen beide Autoren, lässt sich in einem Teilbereich gesellschaftlicher Entwicklung beobachten, wie die „öffentliche Gewalt" sich gegenüber der frühbürgerlichen Gesellschaft verselbständigt. Wie also Stadträte zur „Obrigkeit" werden. Mit der Herausbildung von Kriterien, die zum Almosenempfang berechtigten, und der Schaffung von Instanzen zu deren Kontrolle, entstand andererseits überhaupt erst die abgrenzbare soziale Gruppe der „Bedürftigen". Das heißt, mit der Beschreibung der verschiedenen Kriterien der Bedürftigkeit (Einkommen, Gesundheit, Lebensführung z.B.) trat Armut als soziales Problem ins Bewusstsein der Bürgergesellschaft (Sachße/Tennstedt 1980, 30ff.). Die Einschätzung der Armenordnungen in den neuzeitlichen Städten ist umstritten. Es scheint jedoch durchaus plausibel, dass neben der drastischen Zunahme des Bettelwesens im 15. Jahrhundert die Veränderung der gesellschaftlichen Wahrnehmung und Wertung von Bettelei und Arbeit ausschlaggebend für die Reformen der Armenfürsorge waren.

Ich habe oben in meiner Darstellung über die Konstellationen am Vorabend der Reformation versucht, die Faktoren darzustellen, die zur Herausbildung des europäischen Kapitalismus beitrugen. Ich wiederhole diese noch einmal: das sich entwickelnde Städtewesen, die Ausprägung rationalen Rechts, ein an Rechtsfiguren gebundener moderner Staat, eine beginnende Individualisierung, eine neue Arbeits- und Berufsethik, die Herausbildung fortschrittlicher Wissenschaft und Technik sowie nicht zuletzt ein Arbeitsmarkt sind entscheidend für die Ausbildung des Kapitalismus. Seine Produktion richtete dieser mit Hilfe neuer Geschäftstechniken ganz auf den Marktverkehr aus. Anders ausgedrückt, drei Jahrhunderte kontinuierlichen wirtschaftlichen Wachstums sind ein Faktum, das es ernst zu nehmen gilt in seiner Auswirkung auf das Alltagsleben. Die zunehmende Verbreitung der

Geldwirtschaft blieb nicht ohne Konsequenzen für das Verständnis des persönlichen Eigentums, also für die Idee, dass etwas einer bestimmten Person und keiner anderen gehört. Des Weiteren war der allmähliche Übergang von einer eher gemeinschaftlichen zu einer mehr individuellen Existenzweise von Bedeutung. Die Verbesserung des Lebensstandards, die ungleiche Verteilung der Früchte einer expandierenden Produktionsweise und die steigende Differenzierung der sozialen Rollen machen insgesamt neuartige Verhaltensmuster notwendig.

> **These**
>
> Der mittelalterliche Mensch war in einer vorwiegend agrarisch produzierenden, traditionalen Gesellschaft an den natürlichen Rhythmus von Tages- und Jahreszeiten gebunden. Die Dauer und der Ablauf praktischer Verrichtungen und die Art und Weise der Befriedigung konkret-sinnlicher Bedürfnisse bestimmten seine Lebensorganisation. Soziale und existentielle Problemsituationen wurden mittels tradierter Hilfesysteme bewältigt. Nun aber bestimmt die Gesetzmäßigkeit eines Marktes die Lebensführung in der frühbürgerlichen Gesellschaft der Städte.

Dieser neuartige Typus gesellschaftlicher Verkehrsformen erforderte *Disziplin, Zeitökonomie und Abstraktionsvermögen*. Die Fähigkeit, Bedürfnisse zugunsten längerfristig zu erreichender abstrakter Ziele zurückzustellen, wie auch Vorausplanung, Tüchtigkeit und Erwerbssinn waren die Elemente der neuen Arbeits- und Berufsethik der bürgerlichen und handwerklichen Mittelschichten in den neuzeitlichen Städten. Ihr Alltag war ausgerichtet an den Erfordernissen einer am Markt orientierten Produktion. Damit waren Verkehrsformen und Verhaltensweisen gefordert, die im Gegensatz zum mittelalterlichen Menschen „Langsicht", „Arbeitsethos", „Tüchtigkeit" und „Ordnung" erforderten. Die an der Schwelle zur Neuzeit entwickelten Armenordnungen können somit als Instrumente der Anpassung an die marktorientierten Verhaltensnormen der städtischen Mittel- und Oberschichten interpretiert werden, die so zum allgemeinen Verhaltensstandard wurden. Damit waren gleichzeitig die Normen geschaffen, an denen Bedürftigkeit gemessen werden konnte. In dieser Entwicklung kann eine Sozialdisziplinierung der städtischen Unterschichten gesehen werden, die Erziehung zu Erwerbsarbeit, Fleiß, Ordnung und Pünktlichkeit zur Folge hatte.

In der Folgezeit haben die neuen Armenordnungen das Problem der Massenarmut sicherlich nicht gelöst, immerhin trugen sie zur Entschärfung bei. Im Verlaufe des 16. und 17. Jahrhunderts erfuhren die Regelungen der Armenfürsorge Modifikationen, dem Elend in der Folge des 30-jährigen Krieges konnten sie nicht abhelfen. Die bedeutsamste Wandlung des Armenwesens im Zeitalter des Absolutismus war seine Überführung in staatliche Kompetenz. Betteln wurde nun grundsätzlich verboten und dieses Verbot teilweise mittels Brachialgewalt durchgesetzt. Die Zwangsarbeit erhielt immer größere Bedeutung.

Die Neuerung auf dem Gebiet des Armenwesens im Absolutismus, war die Schaffung von *Zucht- und Arbeitshäusern*. Die ersten Zuchthäuser entstanden auf der Wende zum 17. Jahrhundert in den Niederlanden. Das Erste war das „Tuchthuis" für Männer, 1595 gegründet in Amsterdam und das „Spinhuis" für Frauen, 1597 gegründet. Die Ausdehnung dieser Häuser begann in Deutschland im 17. Jahrhundert, bedeutsam wurden die Gründungen im 18. Jahrhundert. Hinter den Begriffen „Zucht- und Arbeitshaus" verbargen sich höchst verschiedenartige Einrichtungen. In Frankreich hießen diese Einrichtungen „hôpital général". Das „hôpital général" von Paris soll wenige Jahre nach seiner Gründung um die 6.000 Insassen gehabt haben, das große Militärwaisenhaus in Potsdam nahm bis zu 2.000 Zöglinge auf (Sachße/Tennstedt 1980, 115). Die Insassen der Zucht- und Arbeitshäuser bildeten ebenfalls ein überaus buntes Bild. Arbeitsscheue Bettler, abgeurteilte Verbrecher, unbotmäßiges Gesinde und aufsässige Kinder, Alte, Waisen und Prostituierte, Kranke, Irre und Sieche. So ziemlich sämtliche Randgruppen der absolutistischen Gesellschaft waren vertreten.

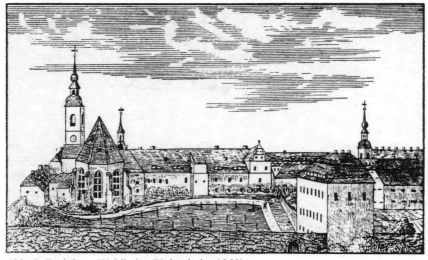

Abb. 7: Zuchthaus Waldheim (Holzschnitt, 1850)

Die Linien, die in diesen Einrichtungen zusammenlaufen, kamen aus der Tradition der mittelalterlichen Stifte, Spitäler und Waisenhäuser. Aber auch aus den Ideen der Arbeitserziehung, die seit den Armenordnungen der Städte die Armenfürsorge beeinflussten, sowie aus dem Prozess der Ablösung von Körper- und Todesstrafen hin zu Freiheitsentzug und Zwangsarbeit als Instrumente des Strafvollzugs. Letztlich war es das gestiegene landesherrliche Interesse an der produktiven Ausnutzung von Arbeitskräften. Die pädagogische und disziplinierende Bedeutung der Zucht- und Arbeitshäuser lag aber in ihrem Charakter als Erziehungsanstalten. In Preußen wurde beispielsweise großer Wert darauf gelegt, dass Jugendliche in der Anstalt eine

Handwerksausbildung absolvieren konnten. Der spezifische Beitrag der Zucht- und Arbeitshäuser lag in dem doppelten Ansatz begründet, einmal eine handwerkliche Qualifikation zu vermitteln und andrerseits repressive Disziplinierungsanstalt zu sein. Die Richtung ist klar, es ging um die Hervorbringung von disziplinierten Lohnarbeitern.

Napoleons Armeen hatten Preußen 1806 militärisch niedergeschlagen. Im Gefolge der französischen Revolutionsarmeen wurden eine Reihe von Reformen und Neuerungen durchgesetzt (Bodenreform, Gewerbeordnung, Gemeindereform u.a.). Die sich etwa seit 1820 in Deutschland entwickelnde *industrielle Revolution*, das heißt die Herausbildung einer durch industrielle Produktion geprägten Gesellschaft mit allen dazugehörenden Folgen, erforderte eine effektivere Lösung der Armenfrage. Für die Städte, die nach der Stein'schen Gemeindereform verantwortlich für die Versorgung der Armen waren, war die Zuwanderung von Arbeitsuchenden, das Elend der Industriearbeiterschaft und Arbeitslosen unübersehbar geworden. Das 1853 in der Stadt Elberfeld entwickelte System der Armenversorgung wurde exemplarisch als die Form rationell-organisierter offener Armenpflege (Sachße/ Tennstedt 1980, 214ff.) schnell von den großen Städten übernommen. Auch das Elberfelder System kennzeichnete, wie die alten Armenordnungen, die Unterscheidung von arbeitsfähigen und arbeitsunfähigen Armen. Im Einzelnen war das Elberfelder System von vier Grundsätzen geleitet:

1. Ehrenamtlichkeit der Arbeit in der kommunalen Armenpflege. Das heißt, die Armenpfleger, die die Armen aufzusuchen und zu begutachten hatten, waren ehrenamtlich, das bedeutet unbezahlt tätig.

2. Individualisierung der Wohlfahrtspflege. Das heißt, jeder Armenpfleger hatte gründlichkeitshalber nicht mehr als vier Familien zu betreuen.

3. Dezentralisierung der kommunalen Wohlfahrtspflege. Das heißt, die Armenpfleger waren nicht ausführende Organe der Stadtverwaltung. Die Stadt war in Bezirke aufgeteilt mit je einem ehrenamtlichen Vorsteher, die Bezirke wiederum in Quartiere mit je einem Armenpfleger. Die Pfleger beschlossen in der 14-tägigen Bezirksversammlung über Art und Umfang der Hilfen.

4. Vermeidung von Dauerleistungen. Das heißt, die Unterstützung wurde in der Regel nur für 14 Tage gewährt und anschließend wurde erneut über weitere Hilfeleistungen befunden.

Die rasante ökonomische Entwicklung und die in ihrem Gefolge sich immer dramatischer stellende soziale Frage überholte relativ schnell die im Elberfelder System angelegten Möglichkeiten der Wohlfahrtspflege. Bei den nun – gegen Ende des 19. Jahrhunderts – erreichten Größen der Industriestädte musste das Quartiersystem versagen. Die hohe Mobilität sowohl der potentiellen Erwerbsbevölkerung wie der verelendenden Schichten machten eine ehrenamtliche und individualisierende Wohlfahrtspflege unmöglich. 1905 wurde in Straßburg ein wesentlicher Schritt in Richtung einer modernen Sozialpolitik getan. Die ehrenamtliche Arbeit wurde zugunsten hauptamtlichen und ausgebildeten Personals aufgegeben. Die Entscheidungen wurden in die Armenbehörde hineinverlegt, die nunmehr die Zentrale für jeden Antrag auf Hilfe wurde. Mit moderner Sozialpolitik ist hier gemeint, dass das klassische Prinzip der Bürokratie auf die Bearbeitung der Armenfrage angewandt wurde. Das heißt, der einzelne Hilfesuchende soll nicht auf das Wohlwollen eines ehrenamtlichen Pflegers angewiesen sein, sondern auf ein an rechtliche Prinzipien gebundenes, für die Allgemeinheit zuständiges Hilfssystem treffen.

Parallel dazu wurde mit der Ausprägung einer modernen Industriegesellschaft eine spezifische Sozialpolitik in Deutschland entwickelt. Die Auseinandersetzung zwischen Sozialdemokratie und historischer Koalition von Bürgertum und ostelbischen Grundbesitzern führte zum Entwurf der *Bismarck'schen Sozialgesetzgebung* zwischen 1878 und 1889. Diese umfasste auf der einen Seite die Sozialistengesetze und andrerseits die Krankenversicherung, Unfallversicherung und Invaliden- und Altersversicherung. Die Armenfrage war nunmehr zu der ganz allgemeinen Frage nach den Risiken der Lohnarbeit geworden und deren Abfederung (Tennstedt 1981).

An dieser Stelle möchte ich die zweite große Entwicklungslinie in der Geschichte der sozialen Arbeit zeichnen. Es ist dies die *Kleinkindpädagogik*, die an der Schwelle des 18. zum 19. Jahrhundert entworfen wurde. Spätestens die große französische Revolution hatte auch das deutsche Bürgertum aufgerüttelt und der Ruf nach „Freiheit, Gleichheit, Brüderlichkeit" ließ auch in Deutschland deutlich werden, dass die Ideen der Aufklärung Früchte trugen. Für das deutsche Bürgertum, bis zu diesem Zeitpunkt politisch relativ bedeutungslos, wurde die Pädagogik wichtigster Bestandteil der Aufklärung. „Das Heraustreten des Menschen aus seiner selbstverschuldeten Unmündigkeit", so hatte Kant das Wesen der Aufklärung beschrieben. Die bestehenden feudal-absolutistischen Verhältnisse sollten nicht nur kritisiert und bekämpft werden, sondern im Interesse des Bürgertums auch durch Erziehung verändert werden. Zentrales Moment der Aufklärung war die Vorstellung, dass alle Menschen sich durch „Vernunft" auszeichneten und es durch die Entwicklung und Förderung der Vernunft gelänge, sowohl die Menschen wie die Verhältnisse, in denen sie lebten, zu verändern. Das aufstrebende deutsche Bürgertum, das sich mittlerweile seiner politischen Kraft gegenüber den traditionellen Feudalgewalten bewusst geworden war, musste natürlich interessiert sein an einer Erziehung der Kinder im Sinne eben dieses bürgerlichen Bewusstseins, dieser bürgerlichen Moral sowie der bürgerlichen Freiheitsrechte.

Gefordert war die Erziehung eines neuen Menschen, orientiert am Bild der Vernunft wie es die Aufklärung gezeichnet hatte, und nicht mehr ausgerichtet an den ständischen Erziehungsprinzipien des Feudalismus. Die umfassende freie Persönlichkeit des Individuums, das seine sozialen Verhältnisse und Beziehungen autonom gestaltet, ist das pädagogische Vorbild. In diesem Sinne argumentierten bürgerliche Pädagogen:

> „Wir haben dagegen eine andere Vorstellung von dem, was zur Schulbildung eines Menschen und Staatsbürgers gehört. Wir rechnen dahin eine vollkommene und harmonische Ausbildung seiner Körper- und Geisteskraft bis zu einem idealistischen Vernunftleben, und benutzen dazu alles, was die Philosophie, Mathematik, Altertumswissenschaft und Religion, alles, was die Natur-, Erd-, Völker- und Menschenkunde zu diesem Zweck als Kulturmittel und Geistesnahrung darbeut. Wir rechnen dahin die Weckung und Belebung der Vaterlandsliebe und des Nationalgeistes, und benutzen dazu die Vorbilder, welche uns die Geschichte alter und neuer Völker, besonders aber die Geschichte des deutschen Vaterlandes aufstellt" (Jachmann 1812).

Damit war die Erziehung zum Menschen und Bürger zentrales Problem der Pädagogik geworden und sollte im Konzept der Einheitsschule umgesetzt werden. Dahinter verbarg sich der egalitäre Anspruch nach gleicher Erziehung für alle Kinder und das Verlangen nach „öffentlicher Erziehung" (Erler 1982, 123).

Wesentliche Bedeutung in diesem Erziehungsprozess wird dem Spiel zugeschrieben. Friedrich Froebel (1782-1852) gelangte zu der Überzeugung, dass das Spiel für das Kind eine wesentliche Funktion für seine allseitige Ausbildung hat. Er propagierte in erster Linie Spiele, die von mehreren Kindern durchgeführt werden konnten. Froebel entwickelte im Sinne seiner „Gemeinschaftserziehung" regelrechte Gruppenspiele für den von ihm mitgegründeten „Kindergarten" (1840 in Rudolstadt). Nach seinen Plänen sollte zu jedem Kindergarten ein Stück Garten gehören, das von den Kindern jeweils paarweise bearbeitet werden sollte. Froebels Spielgaben (Ball, Kugel, Würfel, Walze, Reifen, Stäbchen, Hölzchen), seine Gemeinschaftsspiele sowie die Gartenarbeit waren im Sinne der bürgerlichen Erziehung auf die allseitige Ausbildung und Entwicklung der Persönlichkeit des Individuums ausgerichtet (Froebel 1926; ders. 1947). Seine Spielgaben waren von ihm als geschlossenes Spielsystem gedacht worden, das entsprechend den Entwicklungsschritten des Kindes diesem die Grundtatsachen in Natur und Gesellschaft vermitteln sollte. Froebel, der eine Zeit lang bei Pestalozzi in der Schweiz lebte und arbeitete, leitete junge Frauen zum Gebrauch seiner Spielgaben an und schuf den Beruf der „Kindergärtnerin". Die Kindergartenbewegung gewann schnell viele Anhänger in Deutschland, und es folgten eine Reihe von Kindergartengründungen. Nach der gescheiterten Revolution wurden die Kindergärten als angebliche Träger „revolutionärer Umtriebe" 1851 in Preußen wieder geschlossen. Die Idee blieb erhalten, die Spielgaben sowieso, und unter anderen Bezeichnungen wurden die Kindergärten weitergeführt.

Die Kinder von Armen und bettelnde oder vagabundierende Jugendliche wurden ursprünglich zusammen mit ihren Eltern in die Armen- und Arbeitshäuser eingewiesen. Im 17. Jahrhundert begann man, diese Kinder und Jugendliche von den Erwachsenen zu separieren. Allerdings galt auch für sie, dass sie durch Erwerbsarbeit ihren Teil zum Unterhalt beitragen mussten. Solche Häuser gerieten schnell zu Einrichtungen, in denen systematisch Kinderarbeit betrieben wurde. Johann Heinrich Pestalozzi (1746-1827) war einer der ersten Pädagogen, der, geprägt durch die Ideen der Aufklärung und Rousseaus, von einer besonderen Eigenart der Kinder ausging. Seine erzieherischen Grundsätze bestanden im behutsamen Wachsenlassen und Lenken natürlicher, daher „guter" Fähigkeiten der Kinder. Er entwickelte ein pädagogisches Gesamtkonzept von Beheimatung, Arbeit und Erziehung und setzte dieses durch Gründung zahlreicher Waisenhäuser und Kinderheime um. Er wirkte als Ausbilder für junge Pädagogen und setzte dabei seine Überzeugung, die Zwang, Disziplin und Arbeit durch menschliche Nähe, Überzeugung und soziale Bildung ersetzte, um. Aus diesem Denkmuster heraus breitete sich zu Beginn des 19. Jahrhunderts die private Wohltätigkeit aus.

Die christliche Privatwohltätigkeit erhielt durch Wicherns Gründung des „Rauhen Hauses" und Fliedners Gründung des ersten Diakonissenhauses Auftrieb. 1832 wurde durch Johann Heinrich Wichern in Horn bei Hamburg ein *Rettungshaus* für verwahrloste Kinder und Jugendliche, das sog. „Rauhe Haus", gegründet. Wicherns pädagogische Prinzipien waren eine familienanaloge und individualisierende Erziehung auf der Basis der Freiwilligkeit und Arbeit bzw. Berufsausbildung. Die Familie war der Ansatzpunkt seiner sozialpädagogischen Intervention. Die Bewältigung der „sozialen Frage" begriff Wichern primär unter dem Aspekt des sittlichen und religiösen Verfalls im Zuge der beginnenden Industrialisierung. Demzufolge verstand er auch die Arbeiterbewegung als kommunistische, durch die die Glaubenskrise zum Ausdruck kam. Im „Rauhen Haus" wurden auch Laienhelfer, die Diakone, ausgebildet, und 1845 wurde ein eigenes „Brüderhaus" gegründet (Sachße/Tennstedt 1980, 229ff.). 1897 gab es 13 Brüderhäuser mit 1.789 Diakonen, die in 289 Herbergen, 210 Waisenhäusern, 140 Krankenhäusern, 129 Anstalten für Epileptiker tätig waren.

Theodor Fliedner gründete 1836 in Kaiserswerth die Ausbildungsstätte für evangelische Krankenpflegerinnen, getragen durch den Diakonissenverein. Die Folge der Gründung der Diakonissenausbildung war ihre Einführung in die Krankenhäuser und die Gemeindepflege. 1897 bestanden 45 Diakonissenmutterhäuser mit 9.769 Diakonissen. Sie sind seither nicht mehr aus der Krankenpflege und Gemeindepflege wegzudenken. In dieser Zeit entstanden auch die sog. Kinderbewahranstalten. In diesen fanden die Kinder aus armen Schichten während der Zeit der Erwerbsbeschäftigung ihrer Eltern die notwendigste Versorgung und Beschäftigung. Diese Kinderbewahranstalten und auch die Kleinkinderschulen wurden häufig von Diakonissen geleitet. Im Gegensatz zu dem Froebel'schen Kindergarten, der ja getragen war von der

Idee, die Kinder schrittweise zu Selbständigkeit und Selbstbestimmung zu führen, waren die Kinderbewahranstalten und die Kleinkinderschulen darauf ausgerichtet, die Kinder erwerbstätiger Mütter durch moralische und körperliche Übungen zu erziehen und zu disziplinieren.

Die Gründung des „Centralausschusses für die innere Mission der deutschen evangelischen Kirche" 1848 durch Wichern war einer der Gipfelpunkte der privaten Wohlfahrtspflege. Ihr wurden Einrichtungen für Armen- und Krankenpflege, Brüderhäuser, Diakonissenmutterhäuser, Rettungsanstalten, Kleinkinderschulen und Versorgungsanstalten usw. angegliedert. Parallel dazu entstanden nach dem Vorbild der inneren Mission durch den Zusammenschluss katholischer Caritaswerke 1897 der „Caritasverband für das katholische Deutschland".

Wir sind nun mit sehr großen Schritten durch die Geschichte der sozialen Arbeit an der Schwelle des 20. Jahrhunderts angelangt.

Hinweis

Bisher war die soziale Arbeit gekennzeichnet durch die Versuche, das Armenproblem entlang der Arbeitsfähigkeit immer systematischer zu lösen. Begleitet wurde diese Entwicklung von den Überlegungen, disziplinierend im Sinne der neuen Produktivität das Prinzip der Erwerbsarbeit zum Lebensinhalt zu machen. Die Vorstellungen, die mit der modernen Pädagogik verbunden wurden, brachten es mit sich, angemessen die Entwicklung von Kindern zu begleiten. Gleichzeitig leisteten sie auch der Individualisierung des Problems von Armut und Verelendung Vorschub. Ende des 19. Jahrhunderts erlebten wir in den Städten die Modernisierung der Bearbeitung der Armenfrage in Richtung neuer Organisationsformen.

Ganz gewiss muss hinter dieser Entwicklung die große Auseinandersetzung über die *Lösung der sozialen Frage* gesehen werden. Für den überaus konservativen Wichern war das Problem der sozialen Frage ein sittliches. Er sah darin eine allgemeine Glaubenskrise, welcher er durch sozialpädagogische Intervention im Feld der Familien begegnen wollte. Gleichzeitig fanden in den sich nunmehr modernisierenden Gesellschaften wie Deutschland, Frankreich und England auch auf wissenschaftlichem Gebiet Säkularisierungsprozesse statt. Im Bereich der Biologie und davon ganz zentral betroffen der Wissenschaftstheorie spielte Darwins Entwicklungstheorie (Evolution) eine nicht zu unterschätzende Rolle. In Frankreich wurde durch Auguste Comte eine Vorstellung von Positivismus entworfen, die davon ausging, dass Vergesellschaftung gleichermaßen wie die Mechanik konstruiert sei. Vergleichbar einer sozialen Physik sei es notwendig, deren Gesetzmäßigkeiten zu erkennen, um Gesellschaft im positiven Sinne einer Bürgergesellschaft zu entwerfen. In Deutschland befasste sich als erster Lorenz von Stein in einem ganz praktischen Sinne mit der sozialen Frage. War für Karl Marx die soziale Frage die Triebkraft zu einer neuen Gesellschaftsordnung, ist sie für Stein eine Bedrohung der bestehenden Gesellschaft. Sozialreform war somit für Lorenz von Stein keine historische oder logische Notwendigkeit, sondern die konkrete Forderung der Stunde. Konsequenterweise formulierte er aus seiner Gesellschaftslehre die Verwaltungslehre (Stein 1856). Damit begann mit ihm eine bürgerliche Tradition, die zwar durchaus die sozialen Folgen von Industrialisierung und Urbanisierung wahrnahm, aber in Wissenschaft und Organisation die Garanten für die Bewältigung der Probleme sah. Die hieraus sich vollziehende Verknüpfung von Sozialwissenschaften – wie wir heute sagen würden – und Sozialpolitik im ausgehenden 19. Jahrhundert waren die Folge von Verweltlichung nicht nur im Felde der Wissenschaften. Betroffen waren ganz allgemeine Lebensfragen, die das überkommene christliche Selbstverständnis und damit die christliche Motivation von Wohlfahrt in Frage stellten und weltlicher werden ließen. Damit eröffneten sich für diese aber vor allem staatliche, aus Legitimationsfragen resultierende Lösungsmöglichkeiten. Auch in diesem Sinne sind die Sozialgesetze der Kaiserzeit wie auch der Bismarcksche Kulturkampf zu interpretieren.

In den Städten hatte gegen Ende des 19. Jahrhunderts entweder durch Modifikationen des Elberfelder Systems, später dann des Straßburger Systems ein Ausbau der kommunalen Armenversorgung stattgefunden. Im Verlaufe des letzten Jahrzehnts fand eine weitergehende Ausdifferenzierung von Problemlagen statt. Eine Reihe spezifischer Folgeerscheinungen von Armut wurde aus der allgemeinen Zuständigkeit des Fürsorgeamtes herausgelöst. So wurden die Gesundheitsfürsorge, die Kinder- und Jugendwohlfahrt, die Arbeitslosenunterstützung und die Wohnungsversorgung in eigenständige Ämter umorganisiert. Diese Eingrenzung auf spezielle Aufgabenbereiche mit abgrenzbaren Problemlagen leistete zusätzlich einer fachlichen Spezialisierung Vorschub. Spätestens mit dem 1. Weltkrieg begann der Beruf des Armenpflegers eine weibliche Domäne zu werden.

Der *bürgerlichen Frauenbewegung* blieb es vorbehalten, ganz im oben beschriebenen Sinn Sozialreform und emanzipatorische Ansprüche der Frauen zusammenzubinden (Sachße 2003). Die bürgerliche Frauenbewegung nutzte die Chance, in einen bisher ausschließlich von Männern ausgeübten Beruf, den des Wohlfahrtspflegers, einzusteigen und diesen Beruf mit einer anspruchsvollen akademischen Ausbildung zu verknüpfen. Eine soziale Ausbildung sollte nicht nur die Ausübung des Berufes der sozialen Arbeit effektiver gestalten helfen, sie sollte ebenfalls der Bildung der weiblichen Persönlichkeit und deren Emanzipation in einem eigenständigen Berufsfeld dienen. Diese Entwicklung wurde maßgeblich von Alice Salomon geprägt, die 1908 in Berlin die erste akademische Ausbildungsstätte, die „Soziale Frauenschule" gründete. Das Prinzip der „geistigen Mütterlichkeit", das sich hier das erste Mal in einem spezifischen Berufsbild ausprägte, hat Christoph Sachße in seiner Bedeutung für die soziale Arbeit herausgearbeitet (Sachße 2003). Wie ich schon sagte, nahm spätestens mit dem 1. Weltkrieg die Zahl der Frauen zu, die einen sozialen Beruf ausübten, und es begann die Verdrängung der ehrenamtlichen Hilfen durch eine qualifizierte Berufsarbeit.

Während des 1. Weltkrieges mussten eine Reihe von neu entstandenen Situationen bearbeitet werden, die folgenreich für das System der Wohlfahrtspflege wurden. Der Kriegsverlauf brachte Notstände von bisher nicht gekanntem Ausmaß mit sich. Es war nicht mehr nur die Arbeiterschaft, die massenhaft von Armut und Unterernährung betroffen wurde. Im berüchtigten „Kohlrübenwinter" 1916/17, so genannt, weil es wenn überhaupt, dann allenfalls Rüben zu essen gab, wurde deutlich, dass nunmehr auch weite Teile des Mittelstandes betroffen waren und auf öffentliche Unterstützung angewiesen waren. Die Unterstützung der „Kriegerfamilien" wurde zentrale Aufgabe der Fürsorgemaßnahmen während des Krieges. Diese wurde losgelöst von der Armenfürsorge organisiert.

Des Weiteren war von den Veränderungen das Verhältnis zwischen der privaten und der öffentlichen Wohlfahrtspflege betroffen. Die freie Wohlfahrtspflege wurde generell behördlicher Aufsicht unterstellt und in der Tendenz zentralisiert. Während des Krieges wurden diese privaten Hilfen durch den „Nationalen Frauendienst" koordiniert und organisiert (Sachße/ Tennstedt 1988, 58ff.). Der Krieg verband die Fürsorge zu einem einheitlichen Ganzen. Die Unterscheidung zwischen öffentlich und privat in der Fürsorge erhielt nur noch formellen Charakter. Wichtig war, dass durch die Übertragung gesetzlicher Aufgaben an private Hilfsorganisationen allgemein deutlich wurde, dass die Kriegsfürsorge eine öffentliche Aufgabe war.

Abb. 8: Brotknappheit während der Inflation (Dt. Bundestag 1990)

In der Weimarer Republik wurden nun eine Reihe durch den Krieg erzwungene Prinzipien in neue gesetzliche Formen gegossen und damit die Grundelemente des „Wohlfahrtsstaates" geschaffen (Sachße/Tennstedt 1988, IV). Das erste und schwierigste Problem, das es umzusetzen galt, war das in der Weimarer Verfassung festgelegte „Recht auf Arbeit" (Art. 163). Die Eingliederung aller Arbeitsfähigen in den Arbeitsmarkt wurde sozialpolitisches Ziel. In der Umkehrung hieß dies, das Fürsorgesystem wurde in seiner Leistungsorganisation auf die Erwerbsarbeit ausgerichtet.

Die Folgen der Revolution von 1918 können hier nicht weiter verfolgt werden. Man kann aber sagen, dass die Gesellschaftsordnung weniger revolutioniert als vielmehr reformiert wurde. Der Versuch der Bändigung der kapitalistischen Produktionweise in ihren Folgen konzentrierte sich auf den Ausbau des kollektiven Arbeitsrechts. Sozialpolitik bedeutete also im Einklang mit vermittelter gewerkschaftlicher Mitwirkung, Regelung der Arbeitsbedingungen, Organisation der die Arbeitnehmer betreffenden Einrichtungen sowie der Arbeitsgerichtsbarkeit (Sachße/Tennstedt 1988, 78). Dazu kamen noch der gesetzlich geregelte Kündigungsschutz (1922 und 1926) sowie verbesserte Arbeits- und Mutterschutzbestimmungen. 1927 folgte dann reichseinheitlich die Arbeitslosenversicherung. Damit wurde die schon auf einen breiteren Personenkreis ausgeweitete Sozialversicherung um einen zusätzlichen Zweig erweitert. Der Begriff der Armenpflege wurde abgeschafft und durch den erweiterten der „Wohlfahrtspflege" ersetzt und erhielt ein festes Ressort im Reichsarbeitsministerium. Die Sorge um alle Kranke, Arbeitslose, Kriegshinterbliebene und Rentner wurde auf eine neue Basis gestellt.

Abb. 9: Arbeitslose 1929 in Berlin (Dt. Bundestag 1990)

Diese Tendenz wurde verstärkt durch das 1922 beschlossene Reichsjugendwohlfahrtsgesetz (1924 in Kraft getreten). Vor allem wurde das Verhältnis zwischen freien und öffentlichen Trägern der Wohlfahrtspflege geregelt. Es wurde die Erziehung der Kinder durch gesellschaftliche Garantien gesichert. Und es wurden die klassischen Ämter der uns auch heute bekannten sozialen Arbeit geschaffen: das Jugendamt, das Wohlfahrtsamt (heute Sozialamt) und das Gesundheitsamt. Vor allem in der Jugendpflege, der Fürsorge (Jugend- und Familienfürsorge) als auch der Fürsorgeerziehung und der Heilpädagogik wurden Reformansätze installiert. Dabei ging es in der Vielfalt reformpädagogischer Konzepte um das Ziel der Erziehung sog. „randständiger" Kinder und Jugendlicher, insgesamt um das Konzept einer allgemeinen öffentlichen Erziehung für alle Kinder und Jugendliche.

Hinweis

Die traditionelle Sozialpolitik im Kaiserreich hatte die Lösung der „Arbeiterfrage" als die alles beherrschende soziale Frage im Visier. Die letztlich vollzogene Auflösung traditioneller Lebens- und Solidarformen bei gleichzeitiger Akzeptanz der modernen Wirtschaftsordnung zwingt den Staat – aus Legitimationsgründen – zu Versorgungs- und Fürsorgeleistungen. Folgerichtig hatte die Sozialpolitik der Weimarer Republik den sehr viel umfassenderen Blickwinkel der Verbesserung der Lebenslagen breiter Bevölkerungskreise im Auge sowie eine Reform der Arbeits- und Produktionsbedingungen.

Die Auseinandersetzungen, die an die Sozialstaatspolitik der 20er Jahre anknüpften, drehten sich vor allem um das Verstaatlichungskonzept der Fürsorge. Dahinter wurde sozialistische Gleichmacherei vermutet und eine Benachteiligung der freien Träger gegenüber den öffentlichen. Die gegensätzliche Position der Reformkräfte argumentierte dahingehend, diese Tendenzen der Vergesellschaftung seien noch zu wenig weitgehend. Es sei mittlerweile deutlich geworden, dass die Familien aufgrund der ökonomischen Bedingungen und sozialen Anforderungen insgesamt nicht in der Lage seien, materiell und pädagogisch die Erziehung der Kinder und Jugendlichen in alleiniger Sorge zu tragen (Barabas 1978). Nun, diese Auseinandersetzung konnte weder konstruktiv weitergeführt werden noch in der Praxis umgesetzt, überprüft werden. Nach der Berufung Adolf Hitlers zum Reichskanzler durch den Reichspräsidenten von Hindenburg 1933, wurde die Wohlfahrtspflege unter das Diktat der nationalsozialistischen Volkswohlfahrt gestellt.

Die nationalsozialistische Regierung verbot die liberalen, jüdischen und sozialistischen Wohlfahrtsverbände, ihr Vermögen wurde eingezogen und die Mitarbeiter verhaftet, oder sie erhielten Berufsverbot. Die Nationalsozialistische Volkswohlfahrt (NSV) nahm die kirchlichen Verbände unter ihre Fittiche und eignete sich teilweise deren Vermögen an. Die NSV war seit 1934 der einzige Verband, der so etwas wie Wohlfahrt – unter staatlicher Regie – durchführte. Zirka 12 Mio. Mitglieder waren aufgerufen, mittels privater

Spenden Kampagnen wie das „Winterhilfswerk" durchzuführen, die vor allem in den Kriegszeiten den Hilfsbedürftigen und „Volksgenossen" eine Solidargemeinschaft vorspiegelten. Soziale Problemgruppen, die teilweise traditionelles Klientel der sozialen Arbeit waren, wie Behinderte, psychisch Kranke wurden zu Randgruppen definiert. „Asozial" bzw. „erbkrank" wurden diese Gruppen als „lebensunwert" ausgesondert und zusammen mit „Zigeunern", „Juden" und anderen nicht der nationalsozialistischen Rassenideologie entsprechenden Menschen in Sondereinrichtungen oder Konzentrationslagern physisch liquidiert (Kramer 1983, Otto/Sünker 1986). Entsprechend dem Konzept einer allgemeinen nationalsozialistischen Volkswohlfahrt wurde die soziale Arbeit vereinheitlicht im Beruf der „Fürsorger".[2]

Die Nachkriegszeit war gekennzeichnet durch eine enorme Wiederaufbauleistung. Für die vielen Flüchtlinge, Kriegsheimkehrer und Ausgebombten mussten Arbeitsplätze und Wohnungen geschaffen werden.

Auf dem Gebiet der sowjetischen Besatzungszone, der späteren DDR, wurden die Weichen in Richtung Bodenreform, Sozialisierung des Produktivvermögens und Vergesellschaftung des gesamten Erziehungs- und Bildungssystems gestellt. Das Recht auf Arbeit erhielt Verfassungsrang, damit war der Versuch gemacht, Arbeitslosigkeit als Massenphänomen abzuschaffen. Soziale Arbeit als Fürsorge bei Erwerbslosigkeit, Arbeitsunfähigkeit und deren Folgen sollte so obsolet werden. Fürsorge wurde im Wesentlichen als Sozial- und Gesundheitsfürsorge den Gesundheitsämtern und den Polikliniken zugeordnet. Probleme von Dissozialität und Delinquenz sollten aufgrund des vergesellschafteten Erziehungssystems gar nicht erst in Erscheinung treten.

In den Besatzungszonen der West-Alliierten stand der Wiederaufbau der sozialen Arbeit nach den Mustern des Sozialwesens in England und den USA im Vordergrund. Die Zeit nach der Gründung der Bundesrepublik war die Zeit der Rezeption „moderner" Methoden: Einzelfallhilfe (social case work), Gruppenpädagogik (social group work) und später Gemeinwesenarbeit (community organization).

1953 wurde das RJWG novelliert, insbesondere mit dem Jugendwohlfahrtsausschuss den demokratischen Prinzipien angepasst und zu der Grundlage der sozialen Arbeit. Es folgten dann noch weitere zwei Novellierungen. Nämlich 1961 und mit dieser die Umbenennung in Jugendwohlfahrtsgesetz (JWG) und 1970. In den Novellierungen ist vor allem das Verhältnis zu den wiederentstandenen freien Trägern erheblich modifiziert worden (Barabas 1978, 70ff.). Zu der Skepsis der Träger gegenüber staatlich organisierter Fürsorge mischte sich „... der grundsätzliche Verdacht, diese neige prinzi-

---

2 Zur Ergänzung der von mir sehr kurz gefassten Geschichte der sozialen Arbeit im Faschismus vgl. zusätzlich Sachße/Tennstedt (1992): Geschichte der Armenfürsorge. Bd. 3: Der Wohlfahrtsstaat im Nationalsozialismus. Stuttgart.

piell zu totalitärem Handeln" (Peters 1968). Mit dem „Subsidiaritätsprinzip" (Prinzip der Nachrangigkeit öffentlicher Wohlfahrtsleistungen) wurde das Verhältnis zwischen privaten Trägern der Jugendwohlfahrt und der öffentlichen Hand grundsätzlich gestaltet. Nicht nur dann, wenn ausreichende Einrichtungen und Maßnahmen privater Träger vorhanden sind, sondern auch, wenn diese beabsichtigten, solche zu schaffen, musste die öffentliche Jugendhilfe untätig bleiben. Damit richtete sich das neue JWG gegen die Tendenz, soziale Probleme zunehmend in Form staatlicher Veranstaltungen zu regeln und lief auf eine Absicherung privater Machtsphären hinaus.

In den siebziger Jahren, infolge der Rezession Ende der 60er und der Studentenbewegung, wurde dieses eher traditionelle Verständnis der sozialen Arbeit radikal in Frage gestellt. Die beginnende Reformphase schloss endgültig die Nachkriegsepoche ab und stellte staatliches Selbstverständnis nunmehr auf die beiden Standbeine: Rechtsstaat und Sozialstaat. Die seit 1972 regierende sozial-liberale Koalition deklarierte unter anderem „Bildung als Bürgerrecht" und allgemeine „Chancengleichheit". Es wurden Vorstellungen entwickelt, gesellschaftliche Privilegien und Lasten der Bürger gerechter zu verteilen und das soziale Schicksal von Kindern und Jugendlichen nicht mehr an ihre soziale Herkunft zu knüpfen. Im Vordergrund sozialstaatlicher Regelungen standen Reformen des Familienrechts (Scheidungs- und -folgenrecht), Jugendrecht, ein neues Bundessozialhilfegesetz, die Reform der Vorschulerziehung, eine Schulreform und die Hochschulreform. Der staatlichen Reformeuphorie entsprach die soziale Bewegung und Phantasie in allen gesellschaftlichen Bereichen. In der sozialen Arbeit entwickelten sich – vor dem Hintergrund vieler Aktivitäten (Heimkampagnen, Arbeitskreise kritischer Sozialarbeit usw.) – eine ungeheure Vielzahl „alternativer" Projekte und Ideen. Es wurden Kinderläden, Schülerläden, Eltern-Kind-Initiativen, Jugendwohnkollektive und vieles mehr gegründet.

Die kontrollierende und sozialisierende Funktion der Sozialarbeit war allenthalben Thema kritischer Sozialarbeiterinnen und Sozialarbeiter. Dabei wurden die verschiedensten Ansätze entwickelt: von der antiautoritären Kindererziehung des Laissez-faire bis zur marxistischen Sozialarbeit, deren dringendste Aufgabe die Mobilisierung und Organisation der proletarischen Massen für die Revolution war. Im Zuge ökonomischer und ökologischer Krisen und der gewachsenen Sensibilität für deren Folgen, entstanden Ende der 70er und zu Anfang der 80er immer mehr Bürgerinitiativen und Selbsthilfegruppen. In der sozialen Arbeit war gleichzeitig eine Wende zum Pragmatismus auszumachen (Barabas 1991) und ein zunehmender Skeptizismus gegenüber abstrakten Politisierungsparolen. Seitdem findet in der sozialen Arbeit eine intensive Auseinandersetzung über Bürokratisierung, Selbstorganisation, Laisierung und Professionalisierung statt (vgl. Kapitel 3).

Seit dem 1.01.1991 gilt für die – nunmehr um die fünf neuen Bundesländer der ehemaligen DDR gewachsene – Bundesrepublik Deutschland ein neues Kinder- und Jugendhilfegesetz (KJHG). In diesem Gesetz haben die Entwicklung sozialer Problemfelder und deren Auswirkung auf die soziale Arbeit (s. Kapitel 2) ihren Niederschlag gefunden. Jugendhilfe bzw. die soziale Arbeit soll ihren stigmatisierenden, das heißt ausgrenzenden Charakter verlieren. Sie soll nicht mehr nur auf Notlagen reagieren. Auf dem Hintergrund der Entwicklung einer Vielfalt familialer Lebensformen und deren gewachsenen Probleme im Bereich der Sozialisation von Kindern und Jugendlichen steht im Zentrum des neuen KJHG die sozialpädagogische Familienhilfe. Insofern ist nach einhelliger Meinung das KJHG eine zeitangemessene Beschreibung der realen Situation in der Jugendhilfe.

Zusammenfassung

In diesem Kapitel habe ich versucht zu zeigen, warum die soziale Arbeit ein gebrochenes Verhältnis zu sich selbst und ihrer Geschichte hat. Dabei sollte deutlich werden, dass die beiden Momente Disziplinierung und Kontrolle einerseits und Aufklärung und Erziehung andererseits, konstituierend für die Soziale Arbeit sind. Beide Momente gehören zusammen und sind die jeweiligen Kehrseiten ein und derselben Medaille, die da heißt: Ausbildung angemessener Verkehrsformen für die moderne Gesellschaft.

Lesehinweise

Hering, Sabine/Münchmeier, Richard (2005): Geschichte der Sozialen Arbeit. Weinheim und München, 3. Aufl.

Sachße, Christoph/Tennstedt, Florian (1980;1998): Geschichte der Armenfürsorge in Deutschland. Bd. 1: Vom Spätmittelalter bis zum 1. Weltkrieg. Stuttgart.

Sachße, Christoph/Tennstedt, Florian (1988): Geschichte der Armenfürsorge in Deutschland. Bd. 2: Fürsorge und Wohlfahrtspflege 1871-1929. Stuttgart.

Sachße, Christoph/Tennstedt, Florian (1992): Geschichte der Armenfürsorge in Deutschland. Bd. 3: Der Wohlfahrtsstaat im Nationalsozialismus. Stuttgart.

Wehler, Hans-Ulrich (1987, 1995): Deutsche Gesellschaftsgeschichte. Bd. 1-3. München.

5. Wie arbeitet die Soziale Arbeit?

oder: Eine kleine Methodendiskussion

> Die klassischen Methoden der Sozialen Arbeit werde ich in diesem Kapitel kurz vorstellen. Es wird auch auf die aktuelle Diskussion um den Methodenbegriff eingegangen, dabei wird auf die prozessorientierten Begriffe „soziale Techniken" und „Intervention" hingewiesen. Ebenfalls steht hier das Verhältnis Klient versus Soziale Arbeit zur Debatte.

Wenn das Wort „Methode" fällt, erinnert es häufig an das Werkzeug eines Handwerkers, das dieser benötigt, um einen Schaden zu beheben oder einen Gebrauchsgegenstand zu fertigen. Es mag auch an das geometrische Verfahren erinnern, wie eine Tangente an einen Kreis gelegt wird. In jedem Fall ist mit Methode ein Verfahren gemeint, das unmittelbar auf die Erreichung eines bestimmten Zweckes abzielt. Es ist also zielgerichtet. Mit der Ziel- oder Zweckausrichtung ist es aber so eine Sache: wenn ein Installateur eine Leitung legt oder ein EDV-Spezialist einen Rechner konfiguriert, dann bedeutet „Methode" mit Hilfe eines planmäßigen Verfahrens ein bestimmtes Ziel oder einen Zweck zu erreichen. Ziel ist die möglichst reibungslose Funktion, bei dem einen Beispiel die Energieübertragung und bei dem anderen eine hohe und effektive Rechenleistung. Der Gegenstand der Aktion bleibt bezüglich seiner Aggregatzustände und seiner allgemeinen Zustandsumgebung, die ihn ausmachen, relativ nebensächlich: er ist Objekt der Bearbeitung. Auch bei den alten Menschenwissenschaften steht die Methode und das Ziel im Mittelpunkt. Um es wieder mit einem Beispiel zu verdeutlichen: Der Chirurg bedient sich bei einer Blinddarmoperation bestimmter Instrumente, um mittels seiner Fähigkeiten den Blinddarm zu entfernen. Der Mensch, der auf dem Operationstisch liegt, bleibt ihm fremd, er bleibt es, was seine Lebensumstände betrifft, seine Wünsche und seine Sozialität. Ob also ein Millionär oder ein Wohnsitzloser auf dem Operationstisch liegt, ist für den Chirurgen gleich. Ich möchte nun nicht sagen, dem Chirurgen bleibe der Mensch unwichtig. Sein Ziel bleibt aber grundsätzlich das Gleiche: bei einer bestimmten Diagnose wird er – ohne Ansehen der Person – den Appendix entfernen. Mit anderen Worten, die Ziel-Mittel-Relation ist eine eindimensional auf den isolierten Heilprozess ausgerichtete.

In der Sozialen Arbeit sind deren Methoden im Gegensatz zu den hier dargestellten Verfahren auf Menschen ausgerichtet, die sich in sehr konkretsinnlichen sozialen Lebensverhältnissen befinden. Dementsprechend hat die soziale Arbeit in ihrer Entwicklung zu einer Profession eine Reihe von spezifischen Methoden oder Verfahren ausgebildet. Diese Methoden und Verfahren sind allerdings dem Gegenstand entsprechend vage und umstritten.

In Kapitel 2 hatte ich darzustellen versucht, dass es in den letzten Jahren eine gewaltige Ausdehnung der Aufgaben der Sozialen Arbeit gegeben hat. Berücksichtigt man die Vielfalt familialer Lebensformen und -phasen, in denen heute Menschen leben, und verknüpft diese mit der Entwicklung gesellschaftlicher Problembereiche wie Armut und Arbeitslosigkeit, dann wird deutlich, wie die Soziale Arbeit in nahezu allen gesellschaftlichen Teilbereichen Aufgaben übernommen hat. Gleichzeitig wird klar, wie vielschichtig die Problemsituationen sind, mit denen die soziale Arbeit konfrontiert wird.

Man stelle sich vor: Eine Ehe wird geschieden, dies kommt recht häufig vor (immerhin werden in der Bundesrepublik zurzeit etwa 30% aller Ehen wieder geschieden). Es sind zwei Kinder da, die Mutter war bis zum Zeitpunkt der Scheidung nicht berufstätig. Sie hat den Haushalt und die Kinder versorgt. Der geschiedene Ehemann wohnt übergangsweise bei Bekannten. Die Wohnungssuche gestaltet sich für ihn schwierig. Da er unterhaltspflichtig ist, ist er darauf angewiesen, eine möglichst billige Wohnung zu finden. Die geschiedene Ehefrau geht stundenweise einem Vertretungsjob in ihrem alten Beruf nach, da das Unterhaltsgeld zur Lebensführung für sie und die beiden Kinder nicht ausreicht. Die Kinder haben auf die Scheidung der Eltern unterschiedlich reagiert: die ältere Tochter ist mittlerweile sehr verschlossen und in ihren schulischen Leistungen zurückgefallen. Der jüngere Bruder nässt unregelmäßig das Bett ein. Dies ist keine konstruierte oder ausgedachte Geschichte, sondern eines der vielen noch relativ unproblematischen Scheidungsverfahren samt seinen Folgen in einer deutschen Großstadt. Für alle Betroffenen ist das Ganze eine Katastrophe.

Unterhalt und Versorgungsausgleich müssen geregelt werden, jenseits allen Trennungsschmerzes und schlechten Gewissens. Sind Kinder da, stehen Sorgerechtsregelungen an, mit all ihren schwierigen Auseinandersetzungen über Besuchsregelungen und individuellem Trennungsschmerz. Ist oder wird während dieses Prozesses eine oder einer der Beteiligten arbeitslos, sind die wirtschaftlichen Probleme absehbar und die Auseinandersetzungen über Unterhalt werden deutlich schärfer. Für einen der Beteiligten steht außer Frage, sich eine neue Wohnung suchen zu müssen, was in der augenblicklichen Lage nicht einfach ist, zumindest was preisgünstigen Wohnraum betrifft. Bleibt die Frau mit mehreren Kindern zurück, so ist trotz Unterhalts häufig aufgrund der Erwerbssituation der Gang zum Sozialamt unausweichlich. Oder aber die Kinderunterbringung und -versorgung während der Erwerbstätigkeit der Mutter muss hoch aufwendig geregelt werden. Hierbei ist noch völlig außer Acht gelassen, dass bei einer solchen Beziehungskatastrophe ausschließlich Trümmer, sprich Verletzungen, Verunsicherungen, Ängste und Sorgen für die Zukunft, vor allem bei den betroffenen Kindern zurückbleiben. Mit anderen Worten, in fast allen Phasen einer solchen Entwicklung wird für jede der beteiligten Personen Beratung und erzieherische Hilfe benötigt. Dies ist gemeint, wenn eine meiner Kolleginnen es als das Spezifikum der sozialen Arbeit bezeichnet, dass diese einer vielschichtigen sozialen Problemlage mit alle ihren Interdependenzen (wechselseitigen Abhängigkeiten) Rechnung tragen müsse (Straumann 1992, 12). Klaus Mollenhauer hat bereits 1964, also vor 30 Jahren, formuliert, dass Beratung „ein durchgehendes Moment aller sozialpädagogischen Erziehungstätigkeit" sei (Mollenhauer 1964, 2001). Er verstand Beratung als wesentliche Funktion sozialpädagogischen Erziehens und als charakteristischen Bestandteil der Tätigkeit von Sozialpädagogen. Unter den geschilderten Aspekten der Wandlungsprozesse moderner Gesellschaften wird deutlich, dass Beratung mittlerweile in allen Lebenslagen erforderlich geworden ist.

These
Soziale Arbeit setzt an den lebensweltlichen Bezügen von Klienten an. Ein solcher Ansatz ist folgenreich für die Profession und die Entwicklung von Methoden und Techniken.

Die Methodenfrage ist in den Zusammenhang von sozialen Problemlagen und deren Interdependenzen eingebettet. Die Alltagsbezüge von Klienten sind ein umfassendes kommunikatives Beziehungsgeflecht und verlangen demzufolge von den Methoden und Verfahren der sozialen Arbeit die Berücksichtigung des „ganzen" Menschen und all seiner Lebensumstände. Die konventionelle Medizin hat den „ganzen" Menschen erfolgreich aus ihrer Betrachtung ausgegrenzt und ist dabei scheinbar „gut" gefahren. Die Profession muss sich zwar Kritik gefallen lassen, ist aber als solche mehr als akzeptiert. Auch ihre Spezialisierungen und Tendenzen zur „Apparate"-Medizin werden kaum hinterfragt.

In der Sozialen Arbeit haben ihre Methoden auch mit dem Problem zu tun, ein bestimmtes Ziel mittels planmäßiger Verfahren zu erreichen. Nur ist die Methodenfrage in der sozialen Arbeit aufgrund der geschilderten Zusammenhänge – und darüber hinaus in allen agogischen (handlungsorientierten) Disziplinen – vieldeutig und unklar.

In der Sozialen Arbeit, wie in allen anderen Handlungswissenschaften, muss die Methode oder Technik die Frage beantworten, wie kommen Klient und Klientin bzw. das Klientensystem (z.B. die Familie) vom Ausgangspunkt des Problems zum gewünschten und erreichbaren Zielpunkt. Mit Zielpunkt ist die Veränderung des Zustandes, im Idealfall die Lösung des Problems gedacht. Wie obiges Beispiel einer Scheidung und deren Folgen zeigt, ist eine Veränderung im Sinne der Lösung des Problems nicht möglich. Die Scheidung kann nicht rückgängig gemacht werden, bzw. es würde vermutlich die Schwierigkeiten allenfalls „verschlimmbessern", würden die Eltern sich wieder versöhnen. Damit sind wir an einem weiteren Problempunkt der Methodenfrage in der Sozialen Arbeit angelangt: sie ist eingebettet in die theoretische Auseinandersetzung über Ziel und Gegenstand der Disziplin (s. Kapitel 2).

Unter die klassischen Methoden der Sozialen Arbeit werden „Einzelfallhilfe", „Gruppenarbeit" und „Gemeinwesenarbeit", heute „Sozialraumbezogene Methode" gezählt (Galuske 2002). Über das Abgrenzungsproblem, das hier angesprochen ist, nämlich ob dies Methoden, Techniken oder Arbeitsformen sind, sage ich später mehr. Die Bezeichnung „Einzelfallhilfe" sagt aus, dass die Hilfe im dyadischen System, also im Gegenüber von Sozialpädagogen/Sozialpädagogin bzw. Sozialarbeiter/Sozialarbeiterin auf der einen, Klient/Klientin auf der anderen Seite geleistet wird (Roberts/Nee 1974). In der sozialen „Gruppenarbeit" wird mit den Klienten im Rahmen einer Gruppe gearbeitet. Dabei werden in aller Regel Verfahrenstechniken aus den verschiedenen Bereichen der Psychotherapien mehr oder weniger übernommen (Bernstein u.a. 1975). Die Gemeinwesenarbeit (GWA) begreift die sozio-ökonomischen und politischen Bedingungen im Lebensbereich bzw. Wohnumfeld als Ursache sozialer Problemsituationen. Sie setzt auf Selbstorganisation und Solidarität von Betroffenengruppen (Boulet/Krauss/Oelschlägel 1980).

> **Zur Geschichte des Methodenbegriffs**
>
> Der Begriff „Methoden" wurde erst unter dem Einfluss des amerikanischen „social work" – nach dem 2. Weltkrieg – in die deutsche und europäische Sozialarbeit eingeführt. In den fünfziger und sechziger Jahren war dieser Einfluss am stärksten, sicherlich forciert durch die Tatsache, dass die Fürsorge in Deutschland während des Faschismus mehr als nur korrumpiert war. Emigranten kehrten aus den USA zurück, ebenso brachten in den Staaten ausgebildete Sozialarbeiter die Methodenauffassung des amerikanischen social work nach Deutschland.
>
> In den Vereinigten Staaten wurden bis in die sechziger Jahre „casework", „groupwork" und „community organization" als Methoden bezeichnet. Diese wurden in den Studiengängen für soziale Arbeit an den Hochschulen in relativ selbständigen Kursen separat gelehrt. Diese Vorstellung voneinander getrennter Methoden entsprach den historisch unabhängig gewachsenen Praxisfeldern, in denen „casework" bzw. „groupwork" praktiziert wurden. Diese Auffassung spiegelt auch das vorwissenschaftliche Stadium einer Methodenlehre wider, in der vor allem das Erfahrungswissen der Praktiker weitergegeben wurde.
>
> Ende der fünfziger Jahre hat es dann in den Staaten eine Diskussion gegeben, in der von der herkömmlichen Auffassung abgegangen wird, Methode sei eine systematische Vorgehensweise, die Einzelhilfe, soziale Gruppenarbeit und Gemeinwesenarbeit umfasse. Der Begriff Methode wurde nun-

mehr ausgeweitet und soziale Arbeit insgesamt als eine „Handlungslehre" postuliert, vergleichbar einer psychotherapeutischen Schule (Bartlett 1976). In dieser Diskussion wurde aber auch deutlich, dass der Begriff „Methode" das Verfahren innerhalb einer so bestimmten sozialen Arbeit nicht mehr angemessen umschreiben vermochte. Die prozessorientierten Begriffe „Technik" und „Intervention" eigneten sich schon besser.

Den heute aktuellen Stand der Methodendiskussion in den USA kann man so zusammenfassen: der Begriff wird nach wie vor verschieden interpretiert, vor allem hinsichtlich Umfang bzw. Abstraktionsgrad. Sein Gewicht hat er weitgehend verloren, da besser fassbare Konzepte, vor allem „process" und „techniques", den Begriff „method" verdrängt haben (Brack 1980).

In Deutschland wurde hartnäckig am mittlerweile tradierten Methodenbegriff festgehalten. Dies mag damit zusammenhängen, dass der Einfluss der Pädagogik und Erziehungswissenschaften auf die soziale Arbeit in den sechziger Jahren zugenommen hatte (Mollenhauer 2001). Der Methodenbegriff spielt aber in der Geschichte der Pädagogik eine große und umstrittene Rolle. So stellen kritische Positionen in der pädagogischen Methodendiskussion fest, dass das pädagogische Methodenverständnis auf die Schulpädagogik eingeengt worden sei. Methode ist nach dieser Auffassung – in ihren extremsten Ausprägungen – zu einer „Lehre von den Mitteln ohne Ansehung der Zwecke" geworden (Tuggener 1971). Im herkömmlichen amerikanischen Methodenbegriff des social work waren hingegen immer vier Elemente, nämlich Werte, Kategorien, leitende Prinzipien und Behandlungen enthalten. Die amerikanische Entwicklung wurde aber in Deutschland seit den 60er Jahren nicht mehr oder doch kaum rezipiert. Erst in neuerer Zeit finden modifiziert über die Diskussionen in den Niederlanden und Schweden die amerikanischen Konzepte wieder Aufmerksamkeit (Baldock/Evers 1991).

Eine Reihe von Begriffen sind um den der Methode angesiedelt. Diese Begriffe werden teilweise synonym gebraucht: Techniken, Intervention, Verfahren, Mittel. Traditionell werden Methode und Technik begrifflich voneinander geschieden, indem ersterer als „Verfahren-zu-einem-Zweck" bezeichnet wird. Technik wird hingegen eher als Fertigkeit, im Rahmen einer Methode oder eines Verfahrens begriffen. In der sozialen Arbeit erscheint eine solche Unterscheidung mittlerweile fraglich. Um auf mein Beispiel vom Handwerker und EDV-Spezialisten eingangs dieses Kapitels zurückzukommen, es machten ja gerade die besonderen Bedingungen der sozialen Arbeit aus, dass nicht „Objekte" Gegenstand ihrer Tätigkeit sind. Vielmehr sind die Klienten „Mit-Subjekte", und sowohl Zielsetzung als auch Instrumente erfordern ethische Setzungen: humane Zielsetzungen erfordern auch humane Mittel und einen humanen Einsatz dieser Mittel (van Beugen 1972). Das Postulat nach ganzheitlicher Vorgehensweise in der sozialen Arbeit ist insofern kein leeres Schlagwort.

Ich möchte am Beispiel der Grundprinzipien der Einzelfallhilfe, die auch für die soziale Gruppenarbeit wie für die Gemeinwesenarbeit von Bedeutung sind, darstellen, inwieweit Prozesse in der sozialen Arbeit eine Rolle spielen. Danach wird auch die Bedeutung prozessorientierter Begriffe wie Technik und Intervention deutlich.

Vergegenwärtigen wir uns nochmals mein Beispiel der Ehescheidung und die mit dieser einhergehenden Folgen. Jeder Sozialpädagoge (-arbeiter) und jede Sozialpädagogin (-arbeiterin), die in dieser Situation eine beratende Funktion haben, hat grundsätzlich davon auszugehen, dass sie es mit mündigen Individuen zu tun hat, die selbstbestimmt und selbstverantwortlich handeln. Diese Grundannahme ist die Voraussetzung einer professionellen Krisenintervention und Einzelfallhilfe. Aus dieser Annahme und den Rahmenbedingungen der sozialen Arbeit resultieren eine Reihe von Wechselwirkungen:

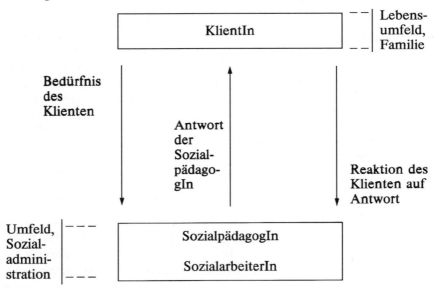

Abb. 1: Wechselverhältnis zwischen KlientIn und SozialpädagogIn (nach Biestek 1968)

Der erste Impuls dieser Wechselwirkungen verläuft von der Klientin bzw. dem Klienten zur beratenden SozialpädagogIn/SozialarbeiterIn. Hierbei werden die Probleme vonseiten der Klienten benannt sowie Ängste und Befürchtungen deutlich, dass ihre Probleme und Wünsche nicht vertraulich behandelt werden. Die Schwierigkeiten seitens der Klienten, mit ihrer Notlage umzugehen, bestimmen deutlich diese Richtung.

Der zweite Impuls dieses Wechselverhältnisses geht von der SozialpädagogIn/SozialarbeiterIn zurück in Richtung der Klienten. Hier spielt vor allem die Haltung und Einstellung der BeraterIn die zentrale Rolle. Gemeint ist die Anerkennung eines Individuums in seiner Zwangslage durch die SozialpädagogIn/SozialarbeiterIn.

Der dritte Impuls geht wiederum von den Klienten in Richtung der SozialpädagogIn/SozialarbeiterIn. Zentral ist dabei, dass und wie die Klienten auf die Reaktion der SozialpädagogIn/SozialarbeiterIn reagieren.

In diesem Wechselverhältnis sind natürlich die allgemeinen Lebensverhältnisse und das soziale Umfeld, in dem die Klienten leben, präsent. Das Gleiche gilt für die administrativen und institutionellen Rahmenbedingungen, unter denen Beratung oder Krisenintervention angeboten wird. In dieses Wechselverhältnis zwischen Klienten und BeraterInnen spielen eine Reihe von Grundprinzipien hinein (Biestek 1968).

KLIENT/IN	SOZIALPÄD./ARBEITER/IN
1. Als Individuum behandelt werden	Individualisieren
2. Gefühle ausdrücken	Gefühle zulassen
3. Verständnis finden	kontrollierte Anteilnahme
4. Wertschätzung finden	Annahme des Klienten
5. Keine Verurteilung	Nicht richten
6. Entscheidungsfreiheit	Selbstbestimmung zulassen
7. Geheimhaltung	Verschwiegenheit

Abb. 2: Grundprinzipien im Verhältnis Berater/In und Klient/In

1. Der Grundsatz des Individualisierens bedeutet in diesem Zusammenhang, den Hilfe suchenden Menschen als Einzelwesen mit seinen persönlichen Problemen und Bedürfnissen zu sehen. Diese Bedürfnisse des Hilfesuchenden müssen anerkannt werden. Zusätzlich sind wissenschaftliche Erkenntnisse heranzuziehen, die es der BeraterIn ermöglichen, die Problemlage objektiv einzuschätzen.

2. Gefühle zuzulassen ist ein Grundsatz, der davon ausgeht, dass der Ausdruck und das Zulassen von Gefühlen befreiend für die Klienten wirkt. Dieser Grundsatz ist eng mit dem des Individualisierens verknüpft. Diese Haltung im Gespräch lässt die BeraterIn eine Reihe von Problemen besser erkennen und eine Unterstützung der Entwicklung eigener Lösungsmöglichkeiten zu.

3. Verständnis und Anteilnahme bedeutet, sich in die Bedürfnisse und Sorgen einfühlen und diese anerkennen. Anteilnahme heißt auch, die Befindlichkeit der Klienten ihrer eigenen Situation gegenüber zu verstehen.

4. Das Prinzip der Annahme bedeutet einen Menschen mit den Sorgen und Nöten, die für ihn zentral sind, zu akzeptieren ohne Wenn und Aber. Es bedeutet für die SozialpädagogIn/SozialarbeiterIn, Probleme als sachliche Realität anzuerkennen, zu „akzeptieren", um daraufhin adäquate Hilfsangebote machen zu können. Klienten zu akzeptieren soll hier „verstehen" bedeuten, nicht das „Anerkennen" von Verhalten.

5. Die nichtrichtende Position setzt Anteilnahme und Akzeptieren voraus und bedeutet, nicht über Verschulden oder Nicht-Verschulden zu urteilen bzw. zu richten. Sie lässt jedoch eine rationale Bewertung von Verhalten und Einstellung zu.

6. Der Grundsatz der Selbstbestimmung ist meiner Ansicht nach der zentralste. Er bedeutet, prinzipiell anzuerkennen, dass die Klienten in der Lage sind, eigene Entscheidungen zu treffen. Die Hilfe muss demzufolge darauf ausgerichtet sein, die Fähigkeit der Klienten, ihre Schwierigkeiten selbst zu erkennen und einzuschätzen, zu fördern sowie ihre Entscheidungskompetenzen zu entwickeln helfen. Dabei können Vorschläge und Hilfsangebote aus der Beratung in die Entscheidungsfindung einfließen. Zentral ist jedoch der Ausgangspunkt, dass jeder Mensch für sich selbst entscheiden kann und letztendlich auch muss. Die Selbstbestimmung des einzelnen hat selbstredend seine Grenze an der des anderen.

7. Der letzte Grundsatz ist ein sehr problematischer. Es geht um das Geheimhalten von Tatsachen, die die persönliche Situation der Klienten betreffen. Mit anderen Worten, es geht um die Schweigepflicht, die für die SozialpädagogIn/SozialarbeiterIn selbstverständlich zu sein hat. In Strafverfahren wird dieser Komplex unter dem Begriff „Zeugnisverweigerungsrecht" sehr kontrovers diskutiert (Mörsberger 1985, Barabas 1992).

Wie man leicht sehen kann, bedeuten alle die aufgezählten Grundsätze gleichzeitig immer eine Gratwanderung. Sie lassen sich im Einzelnen und im konkreten Fall unserer Scheidungsfamilie beispielsweise nicht präzise voneinander trennen, sie greifen ineinander. So sind Trennungsschmerzen und Verletzungen der Ehepartner Realitäten, wie es auch die Reaktionen der Kinder auf die Trennung ihrer Eltern sind. Das eine sind emotionale Realitäten, das andere Realitäten auf der Ebene von Verhalten. Es mag deutlich werden, wie schwierig es für die beratende Person ist, sich den geschilderten Grundprinzipien adäquat zu verhalten. Also Gefühle zuzulassen, aber selbst nicht zu richten, den Klienten/die Klientin anzunehmen, aber seine Selbstbestimmung zu lassen. Jedes der Prinzipien ist jedoch unabhängig vom anderen wichtig für eine erfolgreiche Beziehung in der Beratung und Krisenintervention.

Krisenintervention wird angewandt bei „... Menschen, die durch spezifische Veränderungen in ihrem Leben in eine Krise kommen, wie z.B. durch Heirat, Scheidung, Trennung, Tod oder Verlust einer wichtigen Bezugsperson,

Konflikte mit dem Gesetz, Beförderung oder Degradierung am Arbeitsplatz, Schwangerschaft, Versagen in der Schule, Unfälle mit oder ohne Verletzungen und Verlust des Arbeitsplatzes" (Greenstone/Leviton 1983, 587). Das bedeutet, dass Krisenintervention immer Soforthilfe ist. Soforthilfe bedeutet, möglichst schnell die Übersicht über die aktuelle Situation der Klienten zu erhalten. Diese muss in ihren Zusammenhängen und Konsequenzen richtig erkannt und beurteilt werden. Krisenintervention bedeutet demnach zuallererst, den Klienten den vorübergehend verloren gegangenen Halt wiederzugeben (Straumann 1992, 17). Sie bedeutet aber gleichzeitig langfristige Hilfe. Hier wird das prozesshafte Element deutlich. Dabei spielen die oben geschilderten Grundprinzipien wieder eine Rolle.

Aus dem bisher Gesagten wird deutlich, dass mit dem traditionellen Methodenbegriff die Bedingungen prozessorientierten Handelns und Intervenierens nur unzureichend beschrieben werden können. Die geschilderten Wechselwirkungen und Prinzipien im Verhältnis zwischen Klienten und BeraterInnen haben ja schon in einem ersten Ansatz demonstriert, was ganzheitliches Vorgehen/Intervenieren bedeutet.

Was heißt dies nun für die Qualifikationen und Fähigkeiten von SozialpädagogInnen und SozialarbeiterInnen, die in den Berufsfeldern des Sozialwesens beraterisch arbeiten?

In einem ersten Schritt sind diagnostische Fähigkeiten gefragt, die notwendig sind, um die Vielschichtigkeit der Situationen und Notlagen von Klienten analysieren und auf ihre wechselseitigen Bedingtheiten untersuchen zu können. Hier sind neben den oben genannten Prinzipien wissenschaftliche Erkenntnisse und Techniken vonnöten, um die Problemfälle hinreichend in einem objektiven Zusammenhang interpretieren zu können.

Des Weiteren geht es um problemlösende Kompetenzen. Das bedeutet, die BeraterInnen müssen sich einen Eindruck über die Bereitschaft der Klienten zur Mitarbeit verschaffen. Es geht dabei um die Fähigkeiten zur aktiven Mitarbeit seitens der Klienten und darum, diese Fähigkeiten aktiv zu unterstützen und zu fördern. Häufig kommen Menschen mit einem vagen „Wunsch" der Hilfe oder Veränderung, also eher einer passiven Einstellung zum Problem. Dahinter steht die Hoffnung, dass „irgendetwas" außerhalb des eigenen Selbst aktiv wird und Veränderung herbeiführt. Wesentlich ist dabei, die Klienten bei der Erkenntnis des eigenen „Ichs" als potentieller Kraft zur Problemlösung und Entscheidung zu unterstützen. Dies bedeutet aber, und das ist ganz wichtig, Hilfe ist so gesehen immer Hilfe zur Selbsthilfe. Eine notwendige Qualifikation der BeraterInnen ist ihre Fähigkeit, die potentiellen Kompetenzen der Klienten hinsichtlich des Erkennens und Lösens ihrer eigenen Probleme auszuloten und zur Entfaltung zu bringen.

Eine weitere unentbehrliche Voraussetzung für die Hilfe in Ausnahme- oder Notsituationen ist es, ein Vertrauensverhältnis zwischen BeraterInnen und Klienten herzustellen. Ein wichtiger Schritt dazu ist es, Interesse an den Schwierigkeiten der Klienten zu zeigen, die Absicht an einer Problemlösung zusammen zu arbeiten und die Person der Klienten zu akzeptieren. Auch und gerade unter den administrativen Arbeits- und Aufgabenverteilungen in einer Institution ist es erforderlich, den Klienten das Gefühl zu geben, dass die Problemlösungskapazitäten einer solchen Institution ihnen zur Verfügung steht. Des weiteren, dass nicht gegen ihre Interessen gearbeitet wird, sondern dass trotz der aktuellen Situation ihre persönlichen Kompetenzen nicht in Frage gestellt, sondern unterstützt werden.

Um diese diagnostischen, problemerkennenden und entscheidungsfördernden Prozesse einzuleiten, muss die SozialpädagogIn bzw. SozialarbeiterIn einen „Scharfblick" für die Situation besitzen. Mit anderen Worten, es geht darum, die Fähigkeit der Wahrnehmung von Zusammenhängen in ihren Interdependenzen und Differenziertheiten zu schulen und zu verbalisieren. Hier ist ein hohes Maß an Aufmerksamkeit gefordert, Konzentration und Flexibilität. Zentrale Problemkonstellationen müssen erkannt werden, mit Hilfe wissenschaftlicher Erkenntnisse analysiert und bewertet werden und ohne sich in Details zu verstricken, Lösungsmöglichkeiten konzipiert werden, die das Lösungspotential der Klienten berücksichtigen. Also ein differenziertes und dennoch ganzheitliches Vorgehen hinsichtlich Klienten, ihres Umfeldes und einer Problemlösung ist gefordert.

Um auf die Methoden in der sozialen Arbeit zurückzukommen, diese Prinzipien, Wechselwirkungen und Fähigkeiten, die bei der Bearbeitung sozialer Krisen von Menschen bedeutsam sind, bestimmen die Diskussion. Einen ganz wesentlichen Beitrag sowohl theoretischer wie auch praktischer Art bietet das personenzentrierte Konzept von Carl Rogers (Rogers 1987, 1988). In diesem Konzept werden als zentrale Prinzipien die eigene Verantwortlichkeit und Selbstbestimmung der Person der Klienten genannt, sowie das Vertrauen in deren selbstregulierende und selbstaktualisierende Kräfte zur Problemlösung. Dieses Konzept scheint als Arbeitsgrundlage die Chance zu eröffnen, konsequent die persönlichen Ressourcen einer Person aufzudecken und zu unterstützen (Straumann 1990, 1992):

„Die Fähigkeit zu methodisch geschulten, personenzentrierten Gesprächen erleichtert es auch, sich in Menschen hineinzuversetzen, die in anderen Sprachen und Deutungsmustern zu Hause sind. Sie erleichtert somit Verstehens- und Verständigungsprozesse, die auch in Gruppenzusammenhängen, im Stadtteil, in der Schule oder im Betrieb Voraussetzung für Konflikt- und Problembewältigung sind. Sie erleichtert es zu verstehen, wie sich die einzelne Person selbst und wie sie ihre Welt erlebt. Sie erleichtert es Sozialarbeiter – wie SozialpädagogInnen, sich auf Sicht und Erleben der Klienten, auf deren Wirklichkeit und Problemsicht akzeptierend einzulassen – und ihnen dies auch mitzuteilen sowie gegebenenfalls auch anderen zu vermitteln" (Straumann 1992, 18).

Das bedeutet, dass Beratung als professionelle Problembewältigungshilfe situativ ansetzen kann, mittelbar handlungsbezogene Informationen geben und auf der Basis methodisch fundierter Kompetenzen personenzentriert nach Entwicklungs- und Konfliktlösungen suchen kann. Auf unser voriges Beispiel der „Scheidungsfamilie" übertragen bedeutet dies nicht mehr und nicht weniger als die Förderung der Selbsthilfekompetenzen der Familie.

Ich hatte oben geschrieben, dass die Methodenfrage in den Zusammenhang und die Interdependenz sozialer Problemlagen eingebettet ist (S. 83 dieses Kapitels). Ebenso ist für den Begriff die Auseinandersetzung um sein Ziel und Gegenstand zentral. Nach dem bisher gesagten wird vielleicht die Begrenztheit des theoretischen Nutzens des Methodenbegriffs in groben Strichen deutlich. Von daher macht es wohl auch Sinn, wenn schon seit einiger Zeit in der Diskussion die schon genannten prozessorientierten Begriffe „soziale Techniken", „Intervention" (van Beugen 1972) und „Handlungskonzepte" (Galuske 2002, 161ff.) benutzt werden. Mit sozialer Technik ist dabei ein zielgerichtetes Handlungsmuster gemeint, das auf Veränderungstheorien beruhend, Entwicklungen im Klientensystem eruiert und fördert.

Zu den klassischen Methoden sind heute eine Vielfalt von Handlungskonzepten entwickelt bzw. übernommen und angepasst worden. Zur Einzelfallhilfe und Gruppenarbeit kamen die sozialpädagogische Beratung, die klientenzentrierte Beratung, die multiperspektivische Fallarbeit, das Case-Management, die Mediation, die rekonstruktive Sozialarbeit, die Familientherapie und die Familie im Mittelpunkt (FiM). Zur Gruppen- und sozialraumbezogenen Methode traten die soziale Gruppenarbeit, die Gemeinwesenarbeit, die Erlebnispädagogik, die Themenzentrierte Interaktion, das Empowerment, die Streetwork und die soziale Netzwerkarbeit. Mittlerweile kommen dazu die indirekt interventionsbezogenen Methoden (Supervision, Selbstevaluation) und die Struktur- und Organisationsbezogenen Methoden (Sozialmanagement, Jugendhilfeplanung; Galuske 2002; Lotz 2003; Gehrmann/Müller 2001).

Im Zeichen der wissenschaftlichen Auf- und Ausarbeitung der Handlungslehre wird immer deutlicher, dass die in einem bestimmten Berufsfeld entwickelten Techniken für dieses Berufsfeld gar nicht so spezifisch sind und dass sie sich durchaus auf andere agogische Hilfsprozesse übertragen lassen. Die Soziale Arbeit hat von jeher Anleihen bei den älteren und einflussreicheren „Nachbarn" gemacht.

These

Sobald die Entwicklung bestimmter Vorgehensweisen nicht mehr ausschließlich in einem praktisch definierten Berufsfeld erfolgt, sondern vermehrt wissenschaftlicher Analyse zugänglich wird, wird deutlich, dass sich viele soziale Techniken und Interventionen als weit weniger spezifisch erweisen, als dies bisher angenommen wird!

Zusammenfassung

Der traditionelle Methodenbegriff der Sozialen Arbeit umfasste in Deutschland die Einzelfallhilfe, soziale Gruppenarbeit und die Gemeinwesenarbeit. Im Zuge der enormen Ausweitung der Arbeitsfelder und Arbeitsbedingungen der Sozialen Arbeit erwies sich dieser Methodenbegriff theoretisch wie auch praktisch als zunehmend unzureichend. Heute wird sich an den prozessorientierten Begriffen „soziale Techniken" und „Intervention" (Krisenintervention) orientiert. Sie dokumentieren ein Verständnis vom Klientensystem (Einzelne und Familien), das sich auszeichnet durch die Akzeptanz von dessen Selbstorganisation und Entscheidungskompetenzen. Diese Begriffe deuten zugleich eine Tendenz an, sich gegenüber Techniken und Arbeitsformen, die nicht genuin aus der Tradition der sozialen Arbeit stammen, zu öffnen.

Lesehinweise

Galuske, Michael (2007): Methoden der Sozialen Arbeit. Weinheim und München. 7. Aufl.

Hinte, Wolfgang; Lüttringhaus, Maria; Oelschlägel, Dieter: Grundlagen und Standards der Gemeinwesenarbeit. Weinheim und München.

Lotz, Walter (2003): Sozialpädagogisches Handeln. Eine Grundlegung sozialer Beziehungsarbeit mit Themenzentrierter Interaktion. Mainz.

Rauschenbach, Thomas; Ortmann, Friedrich; Karsten, Maria-Eleonora (Hrsg.) (2000): Der sozialpädagogische Blick. Lebensweltorientierte Methoden in der Sozialen Arbeit. Weinheim und München. 2. Aufl.

6. Was wird in der Sozialen Arbeit gemacht?

oder: Rahmenbedingungen in einem Berufsfeld: Familienhilfe

> Heute ist eine Vielfalt familialer Lebensformen beobachtbar (Alleinerziehende, 1-Personenhaushalte, nicht-eheliche Lebensgemeinschaften). Auf diesem Hintergrund stellt sich für die soziale Arbeit das Problem, Familienhilfe – entsprechend dem neuen Kinder- und Jugendhilfegesetz (KJHG) – zu organisieren. Die damit einhergehenden Probleme und die Tendenzen der Verrechtlichung in der sozialen Arbeit stelle ich in diesem Kapitel dar.

Die „Familienhilfe" ist ein Berufsfeld der sozialen Arbeit, das immer bedeutsamer wird. Den rechtlichen Rahmen für die Familienhilfe bildet seit dem 1.1.1991 das neue Kinder- und Jugendhilfegesetz (KJHG). Dabei erhält die Förderung der Erziehung der Kinder in der Familie ein gesondertes Schwergewicht. Schwerpunkt des Gesetzes ist die Unterstützung und Förderung von Familien in besonderen Situationen, kurzum Prävention (Vorbeugung) (§§16-21):

– § 16 Allgemeine Förderung der Erziehung in der Familie;
– § 17 Beratung in Fragen der Partnerschaft, Trennung und Scheidung;
– § 18 Beratung und Unterstützung bei der Ausübung der Personensorge;
– § 19 Vater-/Mutter-Kind-Einrichtungen;
– § 20 Betreuung und Versorgung des Kindes in Notsituationen;
– § 31 Sozialpädagogische Familienhilfe.

Die *Ehe* und die *Familie* sind durch den *Art. 6 des Grundgesetzes* (GG) unter den besonderen Schutz der staatlichen Ordnung gestellt. Als Grundsatznorm verpflichtet es den Staat, die Familie sowohl im Binnenverhältnis als auch im außerfamiliären Bereich zu respektieren und zu unterstützen. Dieses Schutzgebot ist folgenreich für das Ehe- und Familienrecht (4. Buch des Bürgerlichen Gesetzbuches/BGB; s. „Zum Wandel des Familienrechts", in diesem Kapitel). Rechtsgrundlage zur Förderung der Familie ist im Besonderen das Sozialgesetzbuch (SGB). Das 1. Buch des SGB nennt auch eine Reihe sozialer Rechte für die Familie. So ist im § 1 SGB das Gebot postuliert, die Familie zu schützen und zu fördern, was wiederum in verschiedenen Gesetzen seinen Niederschlag findet. Unter anderem im Bundesausbildungsförderungsgesetz (BAFÖG), im Familienlastenausgleich und im alten Jugendwohlfahrtsgesetz (JWG). Dieses wurde im Januar 1991 durch das neue KJHG abgelöst.

Das KJHG reagierte auf sich verändernde Formen familialen Zusammenlebens. Das Bild einer all zuständigen autonomen Familie, die in allen Lebensbereichen in der Lage ist, diese zu regeln und die von staatlichen Einflüssen frei zu halten ist, dieses Bild, das dem Familienrecht zugrunde liegt, entsprach bereits 1900 (zum Zeitpunkt des In-Kraft-Tretens des BGB) nicht der Realität. Es entsprach ihr erst recht 90 Jahre später nicht mehr. Die Familie scheint ihrem Auftrag als Erziehungsinstanz heute immer weniger gerecht werden zu können. Dazu kommt, dass gegenwärtig eine Vielfalt unterschiedlicher Formen familialen Zusammenlebens zu beobachten sind. Trotz gewisser Grundstrukturen, vor allem in Hinblick auf ihre Lebensabläufe, sind diese deutlich unterschiedlichen Problemlagen (Ansteigen der Scheidungsraten, Alleinerziehende, nicht-eheliche Lebensgemeinschaften, Kindesmisshandlungen, Ansteigen der 1-Personen-Haushalte) ausgesetzt. Da diese Problemlagen häufig die Anlässe für Familienhilfe sind, möchte ich diesen Wandel der Familie im Folgenden ein wenig genauer nachzeichnen.

Entwicklung familialer Lebensformen

Die sog. „Kleinfamilie" oder, soziologisch ausgedrückt, die Kernfamilie war in der deutschen Nachkriegsgesellschaft bis weit in die 60er Jahre als kulturelles Muster erdrückend. Es wurde jung geheiratet, im Schnitt wurden zwei Kinder geboren und überwiegend wurde im Kleinfamilienhaushalt gelebt. Alternativen stellten sich nicht, und wenn („Onkelehen"), dann wurden sie ins Abseits unordentlicher Arbeiterlebensverhältnisse verbannt.

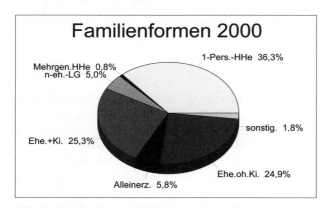

Abb. 1: Familienformen 2000 (alte und neue Bundesländer)
Quelle: Engstler/Menning 2003, S. 34
(1-Pers.-Hhe = Einpersonenhaushalte; Ehe. Oh. Ki. = Ehepaare ohne Kinder;
Alleinerz. = Alleinerziehende; Ehe.+Ki. = Ehepaare mit Kinder;
n-eh.-LG = nichteheliche Lebensgemeinschaften;
Mehrgen. Hhe = Haushalte mit 3 und mehr Generationen)

Heute wird die Kleinfamilie zumindest als kulturelles Muster in Frage gestellt, selbst wenn diese Familienform noch eine strukturelle Vorherrschaft zu beanspruchen scheint. Nicht zuletzt in der Familienpolitik. Seit dem letzten Drittel des 20. Jahrhunderts ist ein Wandel der Familie augenfällig geworden. So wird auch von einer Pluralität familialer Lebensformen gesprochen (Deutscher Bundestag 1986). Folgende demographische Sachverhalte können als Indikatoren der „neuen familialen Lebensformen" gelten:

- Rückgang der Eheschließungen; seit Anfang der 60er Jahre bis heute nimmt die Heiratsneigung in den alten Ländern der Bundesrepublik und mittlerweile auch in den neuen Bundesländern kontinuierlich ab. Im Jahre 2005 heirateten in Deutschland ca. 388.000 Paare (Staba 2006). Es wird davon ausgegangen, dass in Zukunft etwa knapp 30% aller Männer und 20% aller Frauen zeitlebens unverheiratet bleiben (Engstler/Menning 2003, 68).

Der Rückgang der Zahl der Eheschließungen fällt zeitlich zusammen mit dem Anstieg des durchschnittlichen Erstheiratsalters. Dieses lag 2005 bei 32,5 Jahren bei den Männern und bei knapp 29,5 Jahren bei den Frauen. (Staba 2006).

- Zunahme der 1- und 2-Personenhaushalte; der Anteil von Einpersonenhaushalten hat sich von 1950 bis 2005 von 19,4% auf fast 38% erhöht (Staba 2003). Der Anteil der 1- und 2-Personenhaushalte machte zum letztgenannten Zeitpunkt etwa 70% aller Haushalte aus.

- Rückgang der Geburtenziffer; seit Mitte der 60er Jahre ist eine kontinuierliche Abnahme der Geburten festzustellen. 2005 lag die Geburtenziffer bei 1,3 (Staba 2006). Dies bedeutet, dass in diesem Jahr 100 Frauen 130 Kinder zur Welt brachten. Um es deutlich zu machen: Zur Bestandserhaltung wären einiges über 200 Geburten notwendig.

- Anstieg der Zahl der sog. „nicht-ehelichen Lebensgemeinschaften"; 2005 wurden ca. 2,5 Mio. Haushalte gezählt, in denen die Partner eine nichteheliche Lebensgemeinschaft bildeten (Staba 2006).

- Zunahme der Ehescheidungen und Wiederverheiratungen; die Ehescheidungen haben seit 1960 stetig zugenommen, seit 1970 haben sich die Scheidungsraten sowohl in den alten Bundesländern wie auch in der ehemaligen DDR nahezu verdoppelt. 1990 war in den neuen Bundesländern ein Einbruch der Scheidungszahlen zu verzeichnen. Im Jahr 2004 ließen sich in Deutschland 213.691 Ehepaare scheiden (Staba 2006).

Der Scheidung folgt bei ca. 61% der geschiedenen Frauen die erneute Bindung durch Wiederheirat. Ungefähr 55% der Männer heiraten nach dieser Schätzung nach einer Scheidung wieder (Engstler/Menning 2003, 69). Die sog. „Fortsetzungsehe" mündet, bezogen auf die von den Ehescheidungen betroffenen Kinder, in eine „parallele Elternschaft". Gemeint ist die Parallelität von biologischer und sozialer (erworbener) Elternschaft in komplexen Stieffamilien. Das Eingehen einer nicht-ehelichen Lebensgemeinschaft nach einer geschiedenen Ehe, spielt hier eine nicht zu unterschätzende Rolle.

- Zunahme der Zahl der Ein-Eltern-Familie und der Kinder mit Stiefeltern. 2000 lebten etwa 15,4% der minderjährigen Kinder (unter 18 Jahren) in Ein-Eltern-Familien (Alleinerziehende). Das waren 1.423.000 Kinder (Engstler/Menning 2003, 39). Und 1999 gab es in Deutschland ungefähr 850.000 Stiefkinder, d.h. Kinder (unter 18 Jahren), die mit einem leiblichen und einem Stiefelternteil zusammenlebten, das sind 5,5% (Engstler/ Menning 2003, 42). Anders ausgedrückt, ungefähr 20% der minderjährigen Kinder (2.273.000) wuchsen 1999/2000 nicht in der Familie auf, in die sie hineingeboren wurden. Schon lange wird geschätzt, das zukünftig 40-50% aller Kinder, die gegenwärtig zur Welt kommen, nicht in der Familie aufwachsen, in die sie hineingeboren werden (Hoffmann-Riem 1989, 408).

Hinweis
Es kann von einer Vielfalt familialer Lebensformen deshalb gesprochen werden, weil gegenüber der traditionellen vollständigen Kernfamilie die Einpersonenhaushalte, die kinderlosen Ehen, „nicht-ehelichen Lebensgemeinschaften", Alleinerziehenden und Stieffamilien zahlreicher und sozial bedeutsamer werden. Vielfalt heißt also strukturelle Vielfalt und Zurückdrängung von unduldsamer kultureller Vorherrschaft einer Familienform.

Jetzt wächst mit der Vielfalt auch die Unbeständigkeit, d.h. der Übergang von einer familialen Lebensform in die andere ist relativ problemlos möglich. Die Entwicklung der „nichtehelichen" Lebensgemeinschaften und der „Alleinerziehenden" ist nur eine der Ausdrucksformen für diesen Prozess. Andere sind die Wiederkehr der Ehelosigkeit, die Trennung von Sexualität und Ehe, die Entwicklung der Ehescheidungen und die Wiederverheiratung. Dies bedeutet „Fortsetzungsfamilie", soziale Eltern- und Kindschaft.

Die beschriebenen demographischen Entwicklungen sind nicht nur für die Bundesrepublik Deutschland typisch, sondern treffen auch für viele westeuropäische Gesellschaften zu. Sie sind Indikatoren für einen sehr tief greifenden sozialen Wandel dieser Gesellschaften. Die Ursachen dieses enormen und schnellen Wandels familialer Lebensformen sind noch wenig erforscht. Sehr viel scheint dafür zu sprechen, dass ein gewandeltes Verständnis von Ehe und Familie hin zu partnerschaftlicher Bindung und die Erwerbstätigkeit von Frauen und Müttern eine erhebliche Rolle spielen. Ich will dies an dem Wandel der „Hausfrau-und-Mutter-Rolle" und dem gewandelten Eltern-Kind-Verhältnis deutlich machen.

Man kann sagen, dass die Familie ihre zentralsten Veränderungen seit den 60er Jahren erfuhr. Es setzte sich die seit der Industrialisierung begonnene Zentrierung der privaten Lebensorganisation um die Erwerbstätigkeit fort, und dies riss endgültig die Geschlechterschranken nieder. Die Geschichte der modernen Familie ist die Geschichte der Entstehung von Teilzeitmitgliedern des Kernfamilienhaushaltes. Marktförmige Erwerbstätigkeit hat den vollerwerbstätigen Vater zum Teilzeitvater gemacht[1]. In diesem Zusammenhang ist heute die Entwicklung der Arbeitszeitverkürzungen, das Jobsharing sowie die Arbeitslosigkeit bedeutsam. Die Schulpflicht hat auch das Kind mittlerweile zum Teilzeitmitglied des Kernfamilienhaushaltes gemacht.

Die Frauen und Mütter sind den umgekehrten Weg der Männer gegangen. Sie wurden mit der Vollerwerbstätigkeit der Ehemänner familialisiert und zur Hausfrau-und-Mutter gemacht. Seit dem Beginn der zweiten Hälfte unseres Jahrhunderts findet endgültig ein Prozess der Entfamilialisierung der Frauen statt, in dessen Mittelpunkt die marktförmige Erwerbstätigkeit der Frauen und Mütter steht. Das Moment der „Doppelbelastung" steht für Teilzeithausfrau und Teilzeitmutter.

Hinweis

Mit dem Ende der „Hausfrau-und-Mutter-Rolle" ist gemeint, dass spätestens seit dem Beginn der 60er Jahre ein Prozess der Entfamilialisierung der Frauen stattfindet, in dessen Zentrum die versicherungspflichtige Erwerbstätigkeit der Ehefrauen und Mütter steht: Die „Hausfrau-und-Mutter" wird zur „Teilzeit-Hausfrau" und „Teilzeit-Mutter".

Für über die Hälfte aller verheirateten Mütter sind Ehe- und Hausfrauendasein auf die Dauer keine Alternativen mehr zur versicherungspflichtigen Erwerbstätigkeit, eher wird die „Nur-Hausfrau-und-Mutter-Rolle" im Leben der Frauen zunehmend zu einem begrenzten Lebensabschnitt.

Die Erwerbstätigenquote verheirateter Frauen im Alter von 15 bis 65 Jahre lag 2000 in Deutschland bei 57%. Bei den 25 bis 45-jährigen verheirateten Frauen mit Kindern gingen 2000 ca. 63% in Westdeutschland und 75% in Ostdeutschland einer Erwerbstätigkeit nach (Engstler/Menning 2003, 106, 246).

Das heißt, in etwa zwei von drei Familien bzw. drei von vier Familien ist die Mutter und Ehefrau berufstätig. Zum Vergleich: 1950 lag die Erwerbstätigenquote bei verheirateten Müttern mit Kindern unter 15 Jahren in Westdeutschland bei 22,8% (Nave-Herz 1988).

Den Wandel hin zu einem partnerschaftlichen Verständnis von Familie will ich an dem gewandelten *Eltern-Kind-Verhältnis* skizzieren. Gemeint ist die Zurücknahme der Form elterlicher Autorität, die sich ausschließlich auf die Anerkennung des traditionellen Charakters der Elternrolle stützte. Eltern und

---

1 So hat im historischen Prozess die Marktgängigkeit der Produkte des „ganzen Hauses", den Mann zum Vertreter nach außen werden lassen (Sieder, R.: Sozialgeschichte der Familie. Frankfurt/M. 1987, 34ff.).

Kinder treffen sich eher – überspitzt ausgedrückt – unter dem Aspekt der Selbständigkeit und Gleichberechtigung des Kindes. Der individuelle Eigenwert des Kindes wird zur Erziehungsgrundlage. Und aus der Elternrolle wird vor allem anderen ein „Reden". Die Umgangsformen von Kindern und Eltern sind heute weitgehendst von Formalitäten entkleidet und „kumpelhaft" geworden. Gleichzeitig werden die Kinder zu Partnern im elterlichen Entscheidungsprozess, man könnte das Eltern-Kind-Verhältnis auch als ein „kommunikatives Verhältnis" (Trotha 1990) bezeichnen. Es wird auch von der „Familienkonferenz" (Gordon 1972) gesprochen. Aus der erzieherischen Elternrolle scheint so eine elterliche „Begründungsrolle" (Trotha, 461) zu werden. Diese wird vor allem in den so genannten „Stieffamilien" mit ihrer „sozialen" Elternschaft wichtig. Elterliches Handeln wird zu einer anspruchsvollen Leistung für das Kind. Dazu gehört sicherlich auch, dass die Erziehung mittels Prügel zum gesellschaftlichen Tabu und einer leidvollen Erfahrung einer Minderheit von Kindern geworden ist.

Dieses „kommunikative" Verhältnis ist nicht vollständig verwirklichter Anspruch, es ist nach Stadt und Land, nach Schichtzugehörigkeit und nach dem Ausbildungsstand der Eltern unterschiedlich verteilt. Aber überall sind die Machtbalancen zwischen Eltern und Kindern verschoben worden oder sind dabei, sich zu verschieben.

> **Hinweis**
>
> Kinder werden „Partner" im elterlichen Entscheidungs- und „Erziehungsprozess". Eheliche und elterliche Entscheidungen werden zur „Familienkonferenz".

Die elterliche Beaufsichtigung der Jugendlichen und Heranwachsenden lässt in erstaunlichem Maße nach. Vertraut wird in immer größerem Ausmaß der Fähigkeit der Selbstregulierung von Bedürfnissen. Diese Wandlungen stellen – zumindest in Ansätzen – die Verwirklichung von Ausbalancierungen elterlicher Herrschaftsausübung dar. Diese muss sich wortreich begründen und kann sich nicht mehr mit dem Verweis auf elterliche Überlegenheit begnügen. Die sich verändernde familiäre Autoritätsstruktur hat auch ihren Niederschlag im *Rechtssystem* gefunden. Durch die Herabsetzung des Volljährigkeitsalters seit dem 1.1.1975, die Neuregelung des elterlichen Sorgerechts mit der elterlichen Pflicht zur Rücksichtnahme auf die wachsenden Fähigkeiten und Bedürfnisse der Minderjährigen, §§ 1626 Abs. 2 sowie 1631a BGB (Bürgerliches Gesetzbuch), wird der wachsenden Autonomie von Minderjährigen auch unter dem Aspekt des Art. 6 GG (Grundgesetz, Schutz von Ehe und Familie) Rechnung getragen (Barabas 1991).

Wandel im Familienrecht

Die rechtlichen Veränderungen – vor allem im Familien- und Jugendrecht – waren zugleich Ergebnis der Veränderungen familiärer Strukturen als auch deren Voraussetzung (Barabas/Erler 2002).

Das Grundgesetz gibt der Familie mit dem Schutz der freien Entfaltung der Persönlichkeit (Art. 2 Abs. 1 GG), dem Schutz von Ehe und Familie (Art. 6 GG) und dem Grundsatz der Gleichberechtigung von Mann und Frau (Art. 3 Abs. 2 GG) einen grundsätzlichen Rahmen vor. Nach den Erfahrungen des Dritten Reiches, den Wirren des zweiten Weltkrieges und der unmittelbaren Nachkriegszeit war dies der Versuch, die Familie dem Staatszugriff zu entziehen. Gleichzeitig sollte die Ehe und Familie jedoch auch nicht der beliebigen Disposition (Verfügung) der Beteiligten überantwortet werden. Dem entsprach ein restriktives (einengendes) Scheidungsrecht und die damit einhergehende Scheidungspraxis. Die Ehe genoss den Schutz als vorgegebene, überindividuelle und überstaatliche Institution. Die in der Nachkriegszeit sicherlich nachvollziehbare Sehnsucht nach Normalität richtete sich nicht selten am Ideal der bürgerlichen Familie des endenden 19. und beginnenden 20. Jahrhunderts aus. Rechtlich spiegelte sich dies wider in dem gesetzlichen Leitbild der Hausfrauenehe und in dem am Mannesnamen orientierten Ehe- und Familiennamen. Des Weiteren in der Abhängigkeit des Rechts der Ehefrau auf außerhäusliche Erwerbsarbeit von der Vereinbarkeit mit den Familienpflichten und dem Entscheidungsrecht des Ehemannes darüber (Coester-Waltjen 1992, 37). Im Jahr 1957 stellte sich die rechtliche Lage für Familien grob skizziert so dar, dass die Gestaltung der ehelichen Gemeinschaft nunmehr beiden Ehegatten oblag. Das Entscheidungsrecht des Ehemannes ist nach kontroversen Debatten weggefallen und die Ehefrau konnte von nun an einen eigenen Wohnsitz begründen[2]. Das Recht des Mannes, Verträge über die außerhäusliche Tätigkeit seiner Ehefrau zu kündigen (§ 1358 BGB a.F.), ist ebenfalls weggefallen. Das Recht der Ehefrau zu außerhäuslicher Erwerbsarbeit ist jedoch weiterhin durch ihre Familienpflichten eingeschränkt. Güterrechtlich wird die Gütertrennung des vorehelichen Vermögens mit Teilung des während der Ehe von jedem Ehegatten erwirtschafteten Zugewinns (sog. Zugewinngemeinschaft) übernommen. Im Bereich des Eltern-Kind-Verhältnisses wurde die Mutter nunmehr erstmals bei bestehender Ehe allgemein an der elterlichen Gewalt beteiligt, sie verlor diese Position auch nicht durch eine – nach Scheidung oder Tod vollzogene – Wiederheirat. Allerdings ist es der Mann, der bei Meinungsverschiedenheiten der Eltern entscheidet (§ 1628 Abs. 1 BGB i.d.F. von 1957). Er ist es auch, der das Kind rechtsgeschäftlich allein vertritt (§ 1629 Abs. 1 BGB i.d.F. von 1957).

Den Wandel der familialen Lebensformen, der im Anschluss an diese Rechtsreformen stattfand, habe ich oben beschrieben: Rückgang der Eheschließungen, Zunahme der Ehescheidungen, Zunahme der Alleinerziehenden und

---

2 Wegfall des § 1354a und des § 10 BGB a.F. durch das Gleichberechtigungsgesetz vom 18.6.1957, BGBl. 1957 I.

nicht-ehelichen Lebensgemeinschaften etc. In den vergangenen knapp 20 Jahren haben nochmals umwälzende Reformen im Bereich des Familienrechts stattgefunden. 1977 wurde das Namensrecht dahingehend geändert, dass die Beteiligten eine Möglichkeit der Namenswahl haben. Mittlerweile hat das Bundesverfassungsgericht dies mit Beschluss vom 5.3.1991 als verfassungswidrig erklärt. Die Diskussion ging dahin, dass die Ehepartner ihre Geburtsnamen auch nach der Eheschließung tragen können. Gleichzeitig verschwand das gesetzliche Leitbild der Hausfrauenehe, die Ehegatten regelten von da an die Haushaltsführung im gegenseitigen Einvernehmen. Im Scheidungsrecht löste das Zerrüttungsprinzip das Schuldprinzip ab[3].

Im Recht des Eltern-Kind-Verhältnisses fiel nach In-Kraft-Treten des Gleichberechtigungsgesetzes das väterliche Vertretungsrecht durch bundesverfassungsgerichtliche Entscheidung (Coester-Waltjen 1992, 39). Das nahm auch den Gedanken der elterlichen Gewalt als Schutzrecht, als Pflichtenrecht auf und hält das Kind auch innerhalb der Familie für grundrechtsfähig. Damit war das Fundament gelegt für eine Reihe von Reformen im Kindschaftsrecht: Reform des Nichtehelichenrechts (1969), des Adoptionsrechts (1976), des Rechts der elterlichen Sorge (1979), Gleichstellung von ehelichen und nichtehelichen Kindern (1998) und im Jahr 2000 das Gesetz zur Ächtung der Gewalt in der Erziehung. Übereinstimmender Wille der Eltern drängt die staatliche Reglementierung im Bereich nachehelicher Sorge zurück: Die gemeinsame Wahrnehmung der Elternverantwortung wird über die Auflösung der Elternehe hinaus ermöglicht. Das bedeutet, dass die familienrechtlichen Rollen von Mann und Frau nicht mehr nur durch den Status Ehegatten und Eltern oder Vater und Mutter ausreichend beschrieben ist. Geschiedene Partner haben die Möglichkeit, ein gemeinsames Sorgerecht auszuüben.

Durch das KindRG 1998 ist die gemeinsame elterliche Sorge nunmehr prinzipiell bei allen Kindern, d.h. bei allen familiären und partnerschaftlichen Kombinationen möglich (Barabas/Erler 2002, 173).

Die familienrechtlichen Reformen bewirkten eine Herauslösung des Individuums aus den „Fesseln" der Gemeinschaftsbindung, sie passten sich so der allgemeinen gesellschaftlichen Entwicklung – wie ich sie oben beschrieb – an. So scheint sich auch das rechtliche Bild von Familie zu verändern. Die Familie hat die Tendenz, sich in Individualbeziehungen aufzulösen, mit einer Vielfalt von Lebensformen. Die bisher als „Normalfamilie" gesehene Lebensform ist umgeben von Alleinerziehenden, Stieffamilien mit ihrer parallelen Elternschaft und Alleinlebenden. Daraus ergibt sich:

These

Ein einheitlicher Ehe- und Familientypus ist rechtlich nicht mehr postuliert.

---

3 1. Eherechtsreformgesetz vom 14.6.1976, Bundestagsdrucksache 7/60.

Festzuhalten ist aber, dass dies alles kein Abschied von der Ehe und Familie darstellt. Vielmehr scheint die Alternative zur Ehe und Familie, Partnerschaft und Familie zu sein, wie dies die Zahlen der Wiederverheiratungshäufigkeit Geschiedener und das Anwachsen der nicht-ehelichen Lebensgemeinschaften zeigt. Wir haben es also nicht mit einem Verlust der Familie, sondern mit einem Wandel der familialen Lebensformen zu tun. Damit wird aber auch die Entwicklung des Familienrechts deutlich. Die Auflösung des traditionellen Ehe- und Familienbildes zu höchst privat gestaltbaren Lebensformen führt zu dem juristischen Schutz der „schwachen" Gemeinschaftsmitglieder (Scheidungsfolgenrecht, Versorgungsausgleich).

Offene Gesellschaft und Individualisierung

Die soeben dargestellten Entwicklungen in den familialen Lebensformen und der Wandel des Familienrechts sind Tendenzen, die in allen modernen westlichen Gesellschaften vorfindbar sind und die ein Phänomen beschreiben, das in der Soziologie unter dem Stichwort „offene Gesellschaft" (Dahrendorf 1990) diskutiert wird. Im Gegensatz zu traditionellen d.h. geschlossenen Gesellschaften erfordern moderne „offene" Gesellschaften Mobilität. Dabei ist mit Mobilität im weitesten Sinn geographische Wanderung gemeint, sowie sozialer Auf- und Abstieg und auch Beweglichkeit ökonomischer Produktionsfaktoren. Am Beispiel der Europäischen Gemeinschaft kann an den „vier Freiheiten" des endgültigen Falls der Grenzen im Jahr 1993, das Prinzip deutlich gemacht werden: Freiheit im Austausch von Gütern, Dienstleistungen, im Kapitalverkehr und auf dem Arbeitsmarkt. All dies setzt Mobilität voraus und setzt Freiheit und Mobilität gleich. Ich möchte das im Folgenden nochmals an Beispielen verdeutlichen: geographische Mobilität meint „die mit dem Möbelwagen" wegen beruflichen Stellungswechsels oder Ausbildungsplätzen. Soziale Mobilität meint die Bewegung in einer Gesellschaft von unten nach oben und umgekehrt. Sozialer Status wird also nicht mehr von den Eltern vererbt, vielmehr erworben („... meine Kinder sollen es mal besser haben!"). Mit der familialen Mobilität ist die Wahl und Kündbarkeit, damit Singledasein, nicht-eheliche Lebensgemeinschaft und das Alleinerziehen gemeint. Nicht zuletzt kann in diesem Zusammenhang im politischen Alltag Mobilität von Wechselwählern genannt werden. Gemeint ist die Auflösung traditioneller Bindungen an politische Parteien in Richtung Gebrauchswertorientierung von Politiken.

Die Kehrseite dieser Medaille ist das, was mit der These von der „Individualisierung" die Folgen dieser Entwicklung zu diskutieren versucht: „Der Begriff Individualisierung soll diese Prozesse der zunehmenden Notwendigkeit der persönlichen Entscheidung über Lebensentwürfe charakterisieren; aufgrund der tief greifenden Veränderung unserer Gesellschaft ist eine einfache Orientierung an vorgegebenen Werten und Normen zunehmend schwierig geworden." (BMFG 1990, 29) Individualisierung meint also nicht die ästhetische Modifikation oder Exklusivität von Lebensformen, sondern das vollständige Unabhängigwerden von traditionellen sozialen Bindungen und Assoziationsverhältnissen. Mit anderen Worten, die Menschen werden aus den Sozialformen der industriellen Gesellschaft – das waren Klassen, Schichten, Milieus, Familien, Geschlechterverbände – zugunsten einer absoluten individuellen Selbstverantwortung in marktvermittelte Prozesse freigesetzt (Beck 1986).

Beklagt wird in dem Zitat vom Bundesministerium für Jugend, Familie, Frauen und Gesundheit im 8. Jugendbericht ein Prozess, der für den Übergang zur offenen Gesellschaft aber symptomatisch ist:

> **Hinweis**
>
> In offenen Gesellschaften ist alles erlaubt, was nicht ausdrücklich verboten ist. Es wird zudem möglichst wenig verboten, und was erlaubt ist, steht im Belieben der Einzelnen.

Soziale Rollenerwartungen haben eher permissiven (erlaubenden) als präskriptiven (vorschreibenden) Charakter. Rollen selbst sind durchweg erworben und nicht zugeschrieben. Zugespitzt formuliert bedeutet dieser beschriebene Entwicklungsprozess, dass zur individuellen Planung von Lebensentwürfen eine breite Palette von Auswahlmöglichkeiten nicht nur des Konsums, sondern aller Formen der Mobilität (Dahrendorf 1990) gehören, Vielfalt der Medien und Parteien. Zu den Wahlmöglichkeiten müssen außerdem auch Anrechte, Zugangschancen ökonomischen und sozialen Zuschnitts gerechnet werden. Die Schwierigkeit aller Betroffenen, diesen Prozess zu meistern, liegt darin, dass offene Gesellschaften mit ihrer Mobilität dazu neigen, Bindungen jeder Art und Form aufzulösen.

Ich möchte das bisherige zusammenfassen: Wir können eine Vielfalt familialer Lebensformen feststellen, Alleinlebende und Alleinerziehende, nichteheliche Lebensgemeinschaften, parallele Elternschaften und Stieffamilien, Familienauflösungen (Scheidungen) und Neugründungen. Es sieht so aus, als gäbe es eine „Normalfamilie" nicht mehr. Der Wandel des auf die Ehe und Familie bezogenen Rechtssystems zeigt eine gewisse Parallelität zu der sozialen Entwicklung. Die überkommene rechtliche Norm von Ehe und Familie scheint sich aufzulösen, dementsprechend steht dem Abbau der Regelungen der ehelichen Lebensgemeinschaft der Aufbau des Kindschafts- und Scheidungsrechts gegenüber. Mit anderen Worten, eine Stärkung schwacher Positionen der Gemeinschaftsmitglieder.

Den Rahmen für Hilfen und Unterstützung von Familien bildet, wie ich eingangs des Kapitels schon sagte, mittlerweile das KJHG. In seiner Struktur versucht es, auf die veränderten Formen familialen Lebens zu reagieren (Barabas/Erler 2002). Die eingriffs- und ordnungsrechtlichen Maßnahmen des alten JWG sind im KJHG zugunsten von Prävention und Hilfen abgebaut worden, als da nunmehr sind: Beratung bezüglich Partnerschaft, Trennung und Scheidung; Beratung und Hilfen betreffend das Sorgerecht; sozialpädagogische Familienhilfe etc. Die Familienhilfe ist im Regelfall bei den „Allgemeinen Sozialen Diensten" (ASD) der Kommunen oder Kreisen (öffentliche Träger) angesiedelt. Es wird aber auch die Form stadtnaher, gemeinnütziger Vereine zur Trägerschaft gewählt.

In Kapitel 5 hatte ich das Beispiel einer Scheidungsfamilie dargestellt. Für die Problematik der Familienhilfe möchte ich dieses Beispiel noch einmal aufgreifen: Eine Ehe wird geschieden. Es sind zwei Kinder da, die Mutter war bis zum Zeitpunkt der Scheidung nicht berufstätig. Sie hat den Haushalt und die Kinder versorgt. Der geschiedene Ehemann wohnt übergangsweise bei Bekannten. Die Wohnungssuche gestaltet sich für ihn schwierig. Da er unterhaltspflichtig ist, ist er darauf angewiesen, eine möglichst billige Wohnung zu finden. Die geschiedene Ehefrau geht stundenweise einem Vertretungsjob in ihrem alten Beruf nach, da das Unterhaltsgeld zur Lebensführung für sie und die beiden Kinder nicht ausreicht. Die Kinder haben auf die Scheidung der Eltern unterschiedlich reagiert: die ältere Tochter ist mittlerweile sehr verschlossen und in ihren schulischen Leistungen zurückgefallen. Der jüngere Bruder nässt unregelmäßig das Bett ein. Für alle Betroffenen ist das Ganze eine Katastrophe. Das Bild lässt sich noch weiter zeichnen. Der Vater hat bald eine neue Partnerin, mit der er in einer nichtehelichen Lebensgemeinschaft auch zusammenlebt. Dies ist nicht sehr unwahrscheinlich, immerhin über 2/3 der Geschiedenen heiraten wieder oder gehen eine nicht-eheliche Lebensgemeinschaft ein. Im Scheidungsverfahren haben sich die Eltern auf ein gemeinsames Sorgerecht geeinigt. Die potentiellen Problemkonstellationen nehmen deutlich zu: neben den leiblichen Eltern, die getrennt sind, haben die Kinder in der nicht-ehelichen Partnerin des Vaters eine weitere – fremde – weibliche Bezugsperson! Geht die Mutter eine neue Beziehung ein, kommt eine weitere Bezugsperson ins Spiel.

Bevor ich nun auf die Arbeit der Familienhilfe eingehe, möchte ich die Grundelemente einer systemischen Sichtweise der Binnenstruktur von Familien darstellen.

Familie als soziales System

Wir haben uns mittlerweile angewöhnt, von sehr vielen Zusammenhängen, zumal wenn sie kompliziert sind, als „Systeme" zu sprechen. So bezeichnen wir unsere Welt auch als „System". Diese Umwelt besteht wiederum aus Systemen, die ihrerseits miteinander in Beziehung stehen. Innerhalb dieses Verbundes von Systemen gibt es eine Reihe von „Untersystemen" (Subsysteme) sowie Ober- und Nebensysteme. Wir unterteilen unsere Umwelt so häufig in ein Politik„system", in ein Wirtschafts„system", in eine Bildungs-„system", in ein Gesundheits„system", in „Systeme" sozialer Sicherheit, in ein ökologisches „System" etc. etc. Was aber erklärt uns der Begriff System?

Die Naturwissenschaften kennen den Systembegriff schon lange. Wenn wir an den unsere Welt umgebenden Kosmos denken, so sind die ältesten Versuche, Ordnung in diesen zu schaffen, in Form von Systemen gemacht worden. Man denke nur an das bekannteste Planetensystem der Antike, an das des Ptolemäus. Oder denken wir an das periodische System der Elemente in der Chemie oder an das System von Arten, Gattungen und Klassen in der Biologie (Erler 2003).

> **Hinweis**
>
> Ein System ist der Versuch, ein aus vielen Einzelteilen in seinen Wechselwirkungen bestehendes Ganzes zu ordnen.

Wenn wir an unsere Umwelt als ökologisches System denken, wird uns sogleich deutlich, dass die Eigenschaften eines Systems sich aus den Merkmalen der isolierten Subsysteme nicht einfach als Summe ergeben. D.h. die Umwelt, in der wir leben, würde nur unzureichend beschrieben, wenn wir sie entsprechend den Merkmalen ihres Wirtschafts„systems" oder ausschließlich nach den Merkmalen ihres Bildungs„systems" darstellen würden. Vielmehr gehen die Eigenschaften des übergreifenden Systems aus dem Wechselverhältnis seiner Subsysteme hervor, also in unserem Beispiel aus dem Wechselverhältnis von Wirtschafts-, Bildungs-, Politik-, Sozial- und kulturellem System usw. Um diese Komplexität (Vielschichtigkeit) begrifflich zu fassen, benutzen wir das Wort „System".

In den Sozialwissenschaften hat man sich angewöhnt auch von Systemen, von sozialen Systemen zu sprechen (Miller 2001; Luhmann 1984). So wird auch von der Familie als einem sozialen System gesprochen (Erler 2003). Wenn ich im Folgenden der Einfachheit halber von „Familie" spreche, meine ich die gesamte Vielfalt moderner familialer Lebensformen, wie ich sie oben beschrieb. Die systemtheoretische Familienforschung begreift die Familie als ein System, das eingebettet ist in das übergreifende System Gesellschaft. Und die Fragestellungen beziehen sich einmal auf das Verhältnis des Systems Familie zu seiner Umwelt sowie auf die interne Komplexität der familiären Subsysteme. Nun mag der Systembegriff angewandt auf die Familie und die Beschreibung der ihr angehörenden Mitglieder als Subsysteme (z.B. die Geschwister, die Eltern, Vater-Sohn, Mutter-Tochter) ein wenig abstrakt und entpersönlichend klingen. Andererseits können wir besser das Verhalten von Menschen verstehen, wenn wir sie als Teil einer Ordnung innerhalb eines sozialen Systems sehen.

Die verschiedenen Varianten der Systemtheorie (Miller 2001) begreifen die Familie als ein auf sich zentriertes soziales System, das relativ autonom ist, in der Gestaltung seiner Umwelt nach eigenen, d.h. auf sich bezogenen – in der Sprache der Systemtheorie: systeminternen – Gesichtspunkten. Die Familie entscheidet für sich, welche Umweltaspekte für ihre allgemeine Lebensorganisation von Bedeutung sind. Die Art und Weise, wie beispielsweise die Familie bzw. ihre Subsysteme (Einzelglieder oder Gruppen) Freizeit organisieren und regeln, wird nach intern bedeutsamen Kriterien entschieden. Das können Kriterien sein, die am ökologischen System orientiert sind (Naturschutz, Tierschutz z.B.), oder am Bildungssystem (Fort- und Weiterbildung, Volkshochschule), oder am kulturellen System (aktiv: Laienspiel, Musik; passiv: Lesen, Zusehen, Zuhören etc.) oder am Wirtschaftssystem (Konsum). Dabei sind meist eine Reihe Kriterien maßgebend mit entsprechenden Gewichtungen. Je nach Dynamik in dem System Familie und Entwicklung, gewinnen dabei variable (veränderliche) und selektive (auswählende) Kriterien Relevanz (Bedeutsamkeit) und Vorzug. Dabei wird vielleicht schon deutlich, welche enorme Bedeutung in dieser Sichtweise der Kommunikation zugemessen wird. Die Familie als gesellschaftliches Teilsystem ist ja abhängig von in der Gesellschaft erbrachten Leistungen und Angeboten (Bildung, Gesundheit, Erwerbsarbeit, Wohnung, Konsum etc.) und Umweltressourcen (nutzbare Naturkräfte). Das Familiensystem reguliert die Art und Form der Versorgung, Unterbringung und Ausbildung des Subsystems Kinder; die Klärung von Gesundheitsvorsorge (Lebensversicherung o.Ä.); in welches Verhältnis Erwerbsarbeit/Ausbildung ihrer Subsysteme zu Art und Weise des Wohnens stehen soll und nach welchen Kriterien Konsum (Lebensmittel, Lebensart) selektiert wird. Die Auswahl der für die Familie und ihre Subsysteme bedeutsamen Kriterien der Umweltaspekte, ihre Variabilität und Selektion findet ausschließlich über Kommunikation statt. Dabei kann man sich sogleich über eine Eigenart im Kommunikationsprozess sozialer Systeme klar werden. Diese Variabilität und Selektivität von Umweltaspekten, werden überaus wichtig als „Vorher" und „Nachher" von Ereignissen. Ein Beispiel: Die Verabredung über einen Aspekt der Haushaltsregelung (Putzen, Einkaufen, Kochen etc.) und die darauf folgende Regelung bzw. Nicht-Regelung sind Voraussetzung für zukünftige Formen der Regelung dieses Aspekts und die Kommunikation darüber. Das heißt, der kommunikative Prozess wird eine Abfolge von Reaktionserwartungen und Erwartungsreaktionen. „(Ein) Ereignis kommt nur im Prozess vor, weil es sein Zustandekommen der Selektivität früherer oder späterer Ereignisse verdankt", so drückt Luhmann diesen Zusammenhang aus (Luhmann 1984, 610). Man nennt solche Systeme auch selbstreferentielle (reflexive) Systeme.

Systemtheoretische Betrachtung der familialen Binnenstruktur

Die systemische Betrachtung der Familie ermöglicht es außerdem, Balanceprobleme präzise zu identifizieren (Erler 2003, 139ff.). So die Balance von Eltern- versus Kindzentriertheit in einer Familie, Intimität versus Distanz, Kohäsion (Zusammenhalt) versus Konflikt, Umweltoffenheit versus Isolation einer Familie, Starrheit versus Flexibilität (Beweglichkeit) interner

Strukturen. Dabei geht es nicht darum, aus einer Theorie sozialer Systeme heraus verbindlich Sollwerte familialen Lebens festzulegen. Aus systemtheoretischer Sicht besteht eine Familie nicht aus Personen, sondern aus alltäglicher Interaktion, Kommunikation und einem Verständnis von Zusammenhalt und gemeinsamen Selbstverständnis. Ich habe diesen Zusammenhang in Abbildung 2 verdeutlicht.

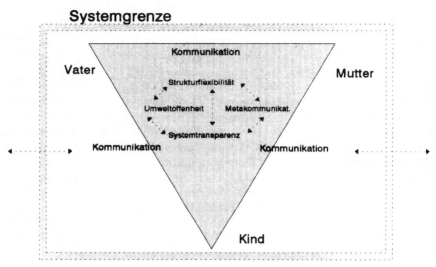

Abb. 2: System Familie

Wenn wir uns den Innenraum des Dreiecks Vater - Mutter - Kind (als eine der einfachsten familialen Lebensformen) betrachten, so sehen wir die vier Elemente:

1. Strukturflexibilität;
2. Metakommunikation;
3. Systemtransparenz und
4. Umweltoffenheit, die im Wechselverhältnis zu einander stehen.

Die vier Elemente bilden die intervenierenden Variablen (einflussnehmende Veränderliche), die ihrerseits die Kohäsion (Zusammenhalt) einer Familie ausmachen. Mit Kohäsion ist die „... Gesamtheit aller Kräfte (gemeint), die das Familienmitglied veranlassen, in der Gruppe zu bleiben" (Neidhart 1975, 167). Dabei ist die Kohäsion einer Familie in hohem Maße davon abhängig, inwieweit ihre Mitglieder Probleme wahrnehmen können und diese zu bearbeiten in der Lage sind, und des Weiteren, wie umfassend die Bedürfnisbefriedigung ihrer Mitglieder in der Familie gelingt bzw. wie der Rahmen gestaltet ist, Bedürfnisse außerhalb des Systems Familie zu befriedigen.

1. Strukturflexibilität

Diese erste Variable bezeichnet das Balanceverhältnis von Starrheit versus Flexibilität interner Strukturen einer Familie. Gemeint sind die Anpassungsleistungen im Hinblick auf sich verändernde Bedürfnisse der Familienmitglieder und an sich wandelnde Umweltbedingungen. Ich hatte oben von Variabilität und Selektivität von Kriterien zur Gewichtung von Ereignissen und Umweltaspekten gesprochen, die in ihrem „Vorher" und „Nachher" wichtig werden. Die Balance von Starrheit versus Flexibilität bezieht sich hier demzufolge auf Rollendefinitionen, Positionsverteilungen, Interaktionsmuster, Verteilung von Rechten und Pflichten, Veränderung von Wert- und Normorientierung des Systems. Man kann sich diese Anpassungsleistungen deutlich machen beim Heranwachsen von Kindern. Strukturflexibilität erweist sich notwendig spätestens dann, wenn öffentliche Erziehungs- und Bildungsinstanzen auf das Kind und in das System Familie hineinwirken bzw. der soziale Kontakt des Kindes oder der Kinder nach außen an Bedeutung gewinnt. Das Ausmaß und die Art und Weise affektiver Zuwendung verändern sich zwischen den familialen Subsystemen; Führungs- und Erziehungsansprüche des Elternsubsystems wandeln sich notwendigerweise. Ich hatte am Beispiel des familialen Wandels weiter oben vom veränderten Eltern- Kind-Verhältnis gesprochen. Diese Veränderungen im sozialen Rollenzuschnitt spielen hier in jedes familiale System im Laufe ihrer Entwicklung hinein.

2. Metakommunikation und 3. Systemtransparenz

beziehen sich auf die Balance von Kohäsion und Konflikt innerhalb des Systems Familie. Dabei bedeutet Systemtransparenz die Kenntnis des Systems über sich selbst (Neidhart 1975, 177), das heißt das Bewusstsein seiner selbst und seiner Subsysteme, damit Wünsche und Frustrationen, Bedürfnisse und Bedürfniskonflikte erkannt werden können. Die Kommunikation darüber (Metakommunikation) macht es möglich, den anderen (Subsysteme) zu verstehen und in die eigene Handlungsorientierung diese Perspektive mit einzubeziehen. Die Selektion und Verarbeitung der Themen bestimmen das Balanceverhältnis: Je größer die Anzahl der Themen in der Metakommunikation, desto größer sind die Möglichkeiten der Auseinandersetzung der Familienmitglieder. Je niedriger der Konsensdruck in der Kommunikation der Subsysteme, desto offener kann sich Denken und Affektivität der Beteiligten entwickeln. Und je weniger über Machtstrukturen entschieden wird, desto größer kann sich der Handlungsspielraum der schwachen Familienmitglieder (Subsysteme) ausprägen.

4. Umweltoffenheit

Damit ist das Balanceverhältnis zwischen Offenheit versus Isolation gemeint. Trotz einer klaren Definition des Systems Familie als einer besonderen Form sozialen Lebens ist eine Durchlässigkeit der Systemgrenzen notwendig. Ist die Grenze dicht, so bedeutet das für die familialen Subsysteme eine Einschränkung von Erfahrungen sozialen Lebens sowohl im affektiven Bereich (Nähe- versus Distanzerfahrungen) als auch im kognitiven Bereich (Wissensspektrum). Das heißt, all das, was durch die Umwelt vermittelt ist, ist entweder in den Interaktionen der familialen Subsysteme enthalten oder es wird für diese relativ unbedeutend bleiben. Um es zu verdeutlichen: eine rigide Grenzziehung (Isolation) kann zu Verlust der Ich-Grenzen der einzelnen Familienmitglieder führen bzw. Affektivität einschränken. Diese wäre ja über einen enormen Konsensdruck der Kommunikationsunterbrechung erzwungen und nur über Machtstrukturen erhaltbar. Damit wäre aber gleichzeitig die Balance gestört.

Zentral ist bei dieser Betrachtung, dass Kommunikation sozusagen das A + O des Bestandes des Systems Familie ist. Kommunikation verknüpft die Subsysteme der Familie (in unserer Graphik: Vater; Mutter; Kind; Vater - Mutter; Mutter - Kind; Vater - Kind) miteinander. Die Subsysteme sind demnach Träger von Kommunikation. Und die als Bausteine des Systems funktionierenden Variablen Strukturflexibilität, Metakommunikation und Systemtransparenz sowie die Umweltoffenheit sind über Kommunikation miteinander verknüpft.

Noch ein Wort zur Systemgrenze. Offenheit oder Isolation des Systems Familie wird nicht über eine offene bzw. geschlossene Haus- oder Wohnungstür hergestellt. Menschen gehen durch die Türen ein und aus. Die Tür oder die Fenster können wir nur als Symbole für Grenzen nehmen. Wie aber findet nun ein Austausch über die Systemgrenze hinweg statt?

Wir hatten gesehen, dass im Verständnis der Systemtheorie das System Familie aus Kommunikation, Interaktion sowie einem gemeinsamen Selbst- und Zusammengehörigkeitsverständnis besteht. Dies bedeutet, dass in dem sozialen System Familie die Grenzziehung über sinnhafte Kommunikation konstituiert wird. Mit anderen Worten, das Systemziel (Zusammengehörigkeit) und seine Abgrenzung wird kommunikativ durch seine Subsysteme hergestellt. Um die Systemgrenze deutlich zu machen und die Möglichkeit eines Austauschs mit anderen Systemen zu schaffen, ohne seine eigene Systemidentität aufzugeben, ist in die Systemtheorie das Konzept des „re-entry" eingeführt worden (Luhmann 1988). Der Begriff re-entry kommt aus der Sprache der Weltraumforschung und bedeutet Wiedereintritt eines künstlichen Weltraumkörpers in die Atmosphäre. Für soziale Systeme bedeutet das re-entry die Wiedereinführung der nach systeminternen Kriterien (s.o. S. 105) produzierten Differenz von Umwelt und System als Unterscheidung ins System. Das Problem ist, dass Systeme grundsätzlich nicht außerhalb der eigenen Grenzen operieren können. Aber – sie können sich intern am Unterschied System – Umwelt orientieren.

Wie regeln nun Familien das Problem? Im Prinzip ist der Sachverhalt ein relativ einfacher. Wir hatten gesehen, dass das System Familie aus Kommunikation und Interaktion besteht. Die Träger von Kommunikation und Interaktion sind aber Personen. Das re-entry wird also über Personen vollzogen. Frauen verlassen das Haus/die Wohnung um einer Erwerbstätigkeit nachzugehen oder für die Familie wichtige Funktionen auszuüben; Männer verlassen aus dem gleichen Grund das System Familie und die Kinder verlassen es, um zu spielen oder in die Schule zu gehen. „Über Personen ... kann die Umwelt, freilich nur in engen Ausschnitten, in das System wiedereingeführt werden, ohne damit ihre Unterschiedenheit einzubüßen" (Luhmann 1988, 79), so beschreibt ein Systemtheoretiker diesen Sachverhalt bezogen auf das System Familie. System-„Externes" Verhalten, sei es das Handeln in anderen sozialen Systemen (Erwerbsarbeit, Schule, Freizeit etc.) oder seien es psychische und physische Befindlichkeiten, können somit zum Inhalt familieninterner Kommunikation werden. Zum einen geht es um externes Handeln, also Verhalten, das durch andere Systeme geprägt wird, wie beispielsweise durch das Wirtschaftssystem. Dort sind es die Erfahrungen und Interaktionen am Arbeitsplatz, der Umgang mit Kollegen, die Arbeitsbedingungen bzw. -belastungen. Das System Freizeit formt z.B. den Diskobesuch, sportliche Betätigungen oder Besuche von Lokalen bzw. Freunden. Ein schönes Beispiel ist in diesem Zusammenhang das so genannte „Tratschen" oder „Klatschen", also der Austausch und die Meinungen über Freunde und Verwandte als Angehörige eines anderen Familiensystems. Auch dabei wird in das System wieder ein Unterschied eingeführt. Es definiert sich also über Unterscheidungen nach außen hin.

Es ist aber auch das Handeln, das durch psychische und affektive wie auch physische Befindlichkeiten geprägt ist. Der Vater mag sich unverständig zum Musikgeschmack seiner jugendlichen Kinder äußern, die dies wiederum seltsam finden. Der Mann/die Frau kommt immer häufiger später von der Arbeit nach Hause und begründet dies mit Überstunden, Stress oder Auftragslage/Arbeitssituation. Die Frau beklagt sich über mangelnde Aufmerksamkeit/Zuneigung seitens des Mannes, der wiederum Arbeitsüberlastung bzw. körperliches Schlechtgehen als Erklärung anführt. Inwieweit externe Sachzwänge, also Kriterien anderer Systeme glaubwürdig gemacht werden können und als akzeptabel hingenommen werden, ist Angelegenheit familieninterner Kommunikation.

Die Sachzwänge bleiben gleichwohl Sachverhalte anderer Systeme als die des Familiensystems. Hier müssen ständig anhand der systeminternen Kriterien des selbstdefinierten Systemzwecks der Familie kommunikativ Balancen vorgenommen werden (Erler 2003, 43ff.).

Um es noch einmal zusammenzufassen: Familien werden als soziale Systeme bezeichnet, die aus Kommunikation und Interaktion sowie ein gemeinsames Selbst- und Zusammengehörigkeitsverständnis bestehen. Die Kommunikation findet auf der Basis bereits stattgefundener Kommunikation statt, die somit Voraussetzung künftiger Kommunikation ist (selbstreferentielle Systeme). Ein solches System wie die Familie löst besondere Belastungen aus, ist sie doch das einzige soziale System, das die gesamte Person zum Thema der Kommunikation macht (Luhmann 1988, 77).

Zurück zu unserem Beispiel einer geschiedenen Familie. Die Probleme, die zur Scheidung führten, können auf dem Hintergrund der Systemtheorie zumindest als Ungleichgewicht von Balancen ausgemacht werden. Die fehlende Balance und gegebenenfalls Kommunikationsbrüche hatten zur Folge, dass das Systemziel Zusammengehörigkeit verloren ging. Es soll hier aber weniger um die Klärung der Scheidungsursachen gehen als vielmehr um die Ansätze und Probleme der Familienhilfe.

Familienhilfe

Unter den Begriff „Familienhilfe" wird eine breite Palette von Hilfemöglichkeiten subsumiert (untergeordnet). Das geht von der einfachen Unterstützung z.B. einer Haushaltsfortführung, der schon komplexeren Arbeit bei einer Schularbeitsbetreuung, über die häufige Form der Einzelbetreuung eines Familienmitgliedes, der Erziehungsberatung bis zur mehr oder weniger methodisch durchgeführten Familientherapie. Hier sind wir aber gleich an einem weiteren Konfliktpunkt in der sozialen Arbeit (Leube 1990, 27): Die traditionellen Methoden der sozialen Arbeit wären eher versorgend und betreuend sowie kontrollierend. Damit könne jedoch in einer Familie keine Entwicklung stattfinden, da die problemverursachenden Balanceschwierigkeiten und Kommunikationsformen der Subsysteme untereinander erhalten blieben. Die klassische Familientherapie arbeite hingegen gerade an diesen Balancen und Kommunikationsformen, hält ihrerseits jedoch ein spezifisches Setting (Rahmen; die Familie erscheint im Therapieraum) für unbedingt notwendig. Das Problem, das in diesem Zusammenhang der Familienhilfe kontrovers diskutiert wird ist, ob Familienhilfe therapeutische Hilfe sein kann oder muss, und ob sozialarbeiterische Hilfe ausreicht. Diesen Positionen entsprechend kann die soziale Arbeit mittels ihrer traditionellen Methoden keine dauerhaften Veränderungen erreichen, und die Therapie kann nicht stattfinden, da sie nicht im notwendigen Setting stattfindet (Leube 1990).

Im Kapitel 5 hatte ich versucht deutlich zu machen, dass soziale Arbeit an den lebensweltlichen Bezügen ihres Klientels ansetzt. Ebenso hatte ich versucht zu präzisieren, dass Krisenintervention immer den Ansatz hat, die Übersicht über die Problemkonstellationen zu erhalten. Nicht zuletzt waren die prozessorientierten Begriffe „Intervention" und „soziale Techniken" in den Vordergrund gerückt worden, weil sie es ermöglichen, die Fähigkeiten der Selbstorganisation und Entscheidungskompetenzen der Klientensysteme (hier Familien) zu akzeptieren. Rufen wir uns nun noch die Grundideen des systemischen Begriffs von Familie in Erinnerung. Es wird dann klar, dass jede Form der Arbeit mit Familien auf deren Variablen Strukturflexibilität, Metakommunikation, Systemtransparenz und Umweltoffenheit einwirkt und prozesshaften Charakter hat. Im Regelfall ist der Auslöser für Familienhilfe ein handfester Konflikt oder ein sehr konkretes Problem. Und wie wir oben (Kap. 5) sehen konnten, Krisenintervention ist immer auch Soforthilfe. Das bedeutet, Familienhilfe ist immer zugleich zupackende Arbeit und Intervention auf die „krankmachenden" Interaktions- oder Kommunikationsformen der familialen Subsysteme. Von daher ist möglicherweise der ganze Konflikt um soziale Arbeit und Therapie in der Familie ein Konflikt um berufsständische Abgrenzungen und „Pfründe" (Leube 1990).

In unserer Scheidungsfamilie hatten wir gesehen, dass die Kinder auf die Scheidung der Eltern unterschiedlich reagierten. Das Mädchen wurde immer verschlossener und hat in seinen schulischen Leistungen nachgelassen. Der jüngere Bruder nässt unregelmäßig sein Bett ein. Aufgabe einer Familienhelferin oder eines Familienhelfers ist u.a. durch Aktivitäten, Förderungsmaßnahmen und andere Angebote Entwicklungsbehinderungen und Rückstände der Kinder nach und nach aufzuheben bzw. aufzuholen. Ein Ansatz der Familienhilfe wäre nun der, aus indirekter Kritik an den Unterlassungen der Eltern, den Schluss zu ziehen, dass den Kindern geholfen werden muss. Ihnen sollen positive Erfahrungen im Kontrast zur Familie vermittelt werden. Auf eine Einflussnahme dem elterlichen Erziehungsverhalten gegenüber wird dabei verzichtet. Auf dem Hintergrund des bisher Erörterten können wir die Problematik eines solchen Ansatzes deutlich machen: Systemische Betrachtung der Familie bedeutet ja gerade zu verstehen, dass die Familie im „Sozialen" bzw. in „Kommunikation" verankert ist. Wird dieser Zusammenhang negiert, bedeutet dies für die Arbeit der Familienhilfe ein niemals endendes herumdoktern. Die Kinder sind immer wieder frustriert, erleben sie doch zu Hause den ständigen Widerspruch zur Situation mit der Familienhelferin.

Das einzelne Familienmitglied (Subsystem) ist immer in einen kommunikativen Zusammenhang mit den anderen Familienmitgliedern eingebettet. Die Familie als System wiederum ist in die übergeordneten gesellschaftlichen Subsysteme eingeordnet. Wir können die Balance der Variablen in ihrer Auswirkung auf die familiale Kohäsion beobachten und die kommunikativen Regeln, die einzelne Familienmitglieder oder das ganze System in Schwierigkeiten bringen. Aufgrund dieser Beobachtungen können sinnvolle Möglichkeiten der Intervention im Sinne einer Veränderung überlegt werden.

> **Hinweis**
> Auffälligkeiten und Symptome haben einen Sinn innerhalb des jeweiligen familialen Systems. Dies bedeutet, und das ist für die Arbeit mit Familien außerordentlich wichtig, die beobachtbaren Handlungen und Ereignisse sind immer Ergebnisse von unter den Handlungen liegenden Erwartungen und Motiven und der Kommunikation darüber!

Mit anderen Worten, das Einnässen des Jungen in unsrer Scheidungsfamilie hat innerhalb seines Familiensystems durchaus eine Bedeutung. Es ist seine Kommunikationsform, sich den anderen Familienmitgliedern über den nicht mehr vorhandenen Familienzusammenhalt mitzuteilen. Versteht der Familienhelfer oder die -helferin, warum diese Handlung im Augenblick in dem Kontext sinnvoll ist und wofür sie steht, dann besteht kein unmittelbarer Handlungsdruck mehr, umstandslos eine Reinlichkeitsstrategie zu beginnen. Die Frage „Was wäre ohne ...?" (diese Krise, Auffälligkeit), lässt auf den Sinn und die Funktion eines Symptoms schließen und hilft damit, weitere Arbeitsschritte zu formulieren (Erler 2003, 34f.).

Die Tochter in unserem Beispiel hat sich immer mehr verschlossen und ließ in ihren schulischen Leistungen nach. Dies ist ihre Art und Weise, sich zu dem Ungleichgewicht im Familiensystem zu äußern. Die Beziehung der Mutter zum geschiedenen Vater, mit dem sie ja ein gemeinsames Sorgerecht hat, ist sehr problematisch. Die Mutter lehnt ihre Tochter offensichtlich ab. Der Mutter nun immer wieder nahe zu legen, mit ihrer Tochter liebevoller umzugehen, wird von der Familienhelferin oder dem -helfer sicherlich als eine „Sisyphus-Arbeit" (nie endende Arbeit) erlebt werden. Mit einem solchen Ansatz missachtet sie bzw. er die „Erziehungsarbeit" der Mutter, mithin die traditionelle Kommunikation und Interaktion des familialen Subsystems Mutter-Tochter. Damit wäre aber ein Motiv zur Veränderung in dieser Beziehungsstruktur nicht gegeben. Gelingt es jedoch der Familienhelferin oder dem -helfer, der Mutter behilflich zu sein, zwischen der Tochter und ihrem ehemaligen Ehemann zu differenzieren, werden veränderte Interaktions- und Kommunikationsformen zwischen der Mutter und der Tochter ermöglicht.

Sozialpädagogische Familienhilfe ist so angelegt, dass sie eine Herausforderung der Familien darstellt, sich zu verändern (Erler 2003, 57f.). Dies bedeutet nichts anderes, als die Weckung und Förderung der Selbsthilfekompetenzen des Systems Familie. Meist sind die Veränderungs- und Selbsthilfepotentiale in doppelter Hinsicht blockiert. Einerseits durch äußere Umstände wie Arbeitslosigkeit, Verschuldung, Scheidung, Partnerschaftskonflikte, schlechte Wohnverhältnisse, Umweltisolierung, fehlende Kenntnisse und Fertigkeiten zur Bewältigung des Alltags. Andererseits gibt es in vielen Familien unbefriedigende und belastende d.h. dysfunktionale interne

Kommunikations- und Interaktionsmuster, Normen und Regeln des Zusammenlebens der familialen Subsysteme, die einzelne Familienmitglieder oder das gesamte System an einer adäquaten (altersgemäßen, sozialen, persönlichen) Entwicklung hindern. Immer beeinflussen sich beide Seiten des Systems (innen und außen), wie wir sehen konnten, oder verstärken sich gar. Deshalb ist es wichtig, gleichzeitig die äußeren Hindernisse wegräumen zu helfen und die inneren Blockaden behutsam, aber entschieden lösen zu helfen. Mit anderen Worten, gefragt sind Krisenintervention und prozessorientierte Techniken (Gehrmann/Müller 2001). Von daher spricht Oswald beispielsweise von den Familienhelfern als „Generalisten" (Oswald 1988, 89). Oder es wird davon gesprochen, dass die Familienhilfe als Dienstleistung eine kurzfristige lebensweltorientierte „Familienaktivierung" sein kann (Gehrmann/Müller 2001).

Die Qualifikation der Fachkräfte der Familienhilfe – ich hatte das schon im Kapitel 5 dargestellt – ist eine höchst komplexe und anspruchsvolle. Erforderlich sind diagnostische Fähigkeiten, um die Vielschichtigkeit der Situationen und Notlagen von Klienten analysieren und auf ihre wechselseitigen Bedingtheiten untersuchen zu können. Des Weiteren sind problemlösende Kompetenzen gefragt. Das bedeutet, die BeraterInnen müssen sich einen Eindruck über die Bereitschaft zur Mitarbeit der Klienten verschaffen. Es wird also ein breites Sachwissen gefordert wie auch Kompetenzen in prozessorientierten Techniken zur Problemlösung. Um dies einmal deutlich zu sagen: Absolventen der Studiengänge Sozialwesen (Sozialpädagogik, Sozialarbeit) müssen sich in den Grundlagen von mindestens 4 (Vier!) Wissenschaftsdisziplinen auskennen: Psychologie, Soziologie, Recht und Pädagogik. Zusätzlich ist die Kompetenz in einer prozessorientierten Technik, wie z.B. personenzentrierter Beratung notwendig.

Zusammenfassung

Familienhilfe ist ein Berufsfeld, das immer mehr an Bedeutung gewinnt. Die Gründe sind darin zu suchen, dass sich eine ausgeprägte Vielfalt familialer Lebensformen herauskristallisiert hat. All diese Lebensformen sind unterschiedlichen Problemsituationen ausgesetzt. Die Entwicklung des Familienrechts hat dieser Tendenz Rechnung getragen bzw. diesen Wandel zum Teil initiiert, beispielsweise bei der Reform des Scheidungsrechts. Den rechtlichen Rahmen der Familienhilfe gibt das KJHG vor, in dem präventive und Hilfsangebote gemacht werden. Unter systemischer Betrachtung wird deutlich, dass die Familie als soziales System in einer sozialen und kommunikativen Umwelt verankert ist. Diese Betrachtung erlaubt eine differenzierte Analyse der internen wie auch externen Problemkonstellationen von Familien. Sie ermöglicht aber auch die Entwürfe adäquater Hilfen, die die Autonomie- und Selbsthilfepotentiale von Familien langfristig berücksichtigen.

Lesehinweise

Entwicklung familialer Lebensformen und des Familienrechts

Barabas, Friedrich/Erler, Michael (2002): Die Familie. Einführung in Soziologie und Recht. Weinheim und München. 2. Aufl.

Engstler, Heribert/Menning, Sonja (2003): Die Familie im Spiegel der amtlichen Statistik. Herausgegeben vom Bundesministerium für Familie, Senioren, Frauen und Jugend. Berlin.

Familienhilfe

Burnham, John B. (2004): Systemische Familienberatung. Weinheim und München. 2. Aufl.

Erler, Michael (2003): Systemische Familienarbeit. Weinheim und München.

Gehrmann, Gerd/Müller, Klaus (2001): Praxis Sozialer Arbeit: Familie im Mittelpunkt. Handbuch effektives Krisenmanagement für Familien. Regensburg. 2. Aufl.

7. Was kann eigentlich Soziale Arbeit?

oder: Gibt es eine Theorie bzw. Wissenschaft der Sozialen Arbeit?

> In diesem Kapitel will ich die Theoriedebatte um die Rolle der sozialen Arbeit zwischen „Helfen" und Professionalität darstellen. Es geht dabei um die Wende zum Pragmatismus in der Auseinandersetzung um die Funktion der Sozialen Arbeit sowie um ihr Selbstverständnis.

In einem der vorangegangenen Kapitel (Kap. 3) hatte ich versucht deutlich zu machen, dass bis heute „Helfen" eine ganz wesentliche Kategorie in der sozialen Arbeit darstellt. Scherpner hat die Bedeutung des „Helfens" 1962 folgendermaßen ausgedrückt: „Hilfe ist eine Urkategorie menschlichen Handelns überhaupt, ein Begriff, der nicht weiter zurückführbar ist außer auf den des gesellschaftlichen Handelns überhaupt, ..." (Scherpner 1962, 122). Hinter diesem Argument blitzte gleichzeitig die Vorstellung auf, dass soziale Arbeit eher etwas mit Berufung zu tun hätte, als mit professionellem Handeln. Dass also die Einstellung des Helfers bzw. der Helferin, seine/ihre praktizierte Nächstenliebe wichtiger sei als Qualifikationen und Kompetenzen.

Andererseits hat es die soziale Arbeit mit spezifischen Problem- und Mangellagen von Personen zu tun, die diese weder durch die vorherrschende Art und Weise der Güter-, Arbeits- und Dienstleistungsmärkte ausgleichen können, noch durch Familien oder andere private Lebensformen[1]. Die Problem- und Mangellagen, um die es hier geht, sind die aus der Eigenart moderner Dienstleistungs- und Informationsgesellschaften resultierenden sozialen Konflikte: Armut, Veränderungen von Normal- und Erwerbsbiografien (Arbeitslosigkeit), Wandel familialer Lebensformen, Mobilität und Individualisierungsschub. Dazu kommt die Durchrationalisierung von Lebenswelten mittels Informations- und Kommunikationstechnologien (Kap. 2). Die aus diesen Konflikten entstehenden Probleme wachsen und verändern sich rasant und ständig. Im Unterschied zu anderen Professionen ist es das Spezifikum der Sozialen Arbeit, dass sie der Vielzahl der Interdependenzen (wechselseitigen Abhängigkeiten) sozialer Konflikte Rechnung tragen muss. Daraus resultiert eine zunehmende Differenzierung von Handlungsfeldern der Sozialen Arbeit, die ein hohes Maß an Kompetenz (Professionalität) und Berufsflexibilität erfordern.

---

1 Vgl. meine Definition der Sozialen Arbeit im 1. Kapitel.

Aus dem bisher Gesagten wird hoffentlich deutlich, dass es für die Soziale Arbeit, für ihr Selbstverständnis als Profession und ihren Ausbildungsstandard notwendig ist, „Hilfe" und die Art und Weise der Hilfeleistung in der Gesellschaft zu reflektieren. Das bedeutet, sie muss ihre eigene disziplinäre Matrix, also ihr praktisches und theoretisches Koordinatensystem immer wieder neu begründen. Nur mit entsprechendem Wissen über sich selbst ist es möglich, Soziale Arbeit und ihren Auftrag zu Strukturproblemen einer modernen Gesellschaft und den Formen ihrer sozialpolitischen Bearbeitung in Beziehung zu setzen.

„Es geht ... um eine disziplinäre Spurensuche, um eine selbstreflexive Rekonstruktion, um Selbstbeobachtung, es ist die Bemühung, sich als Disziplin selbst zum Gegenstand zu machen, um darin Kontinuitäten und Diskontinuitäten sichtbar, Verfestigungen und Veränderungen identifizierbar zu machen, um die Entwicklungsdynamik von der Entwicklungslogik unterscheiden zu können" (Rauschenbach 1991, 2).

So beschrieb Rauschenbach die Notwendigkeit der Theoriebildung für die Soziale Arbeit. Hinzufügen möchte ich die Notwendigkeit der Einbeziehung von gesellschaftlichen, ökonomischen und sozialpolitischen Trends und Einflüssen und ihre Entwicklungslogik in die Ausbildungskonzepte dieser Berufsprofession.

Fraglos gibt es die Soziale Arbeit als Disziplin. Studentinnen und Studenten werden im Sozialwesen ausgebildet, und es gibt eine Reihe von abgrenzbaren Berufsfeldern (Kap. 2). Ebenso werden Theorien und Erklärungsversuche formuliert. In der Diskussion um die Theoriebildung wird jedoch allenthalben über den Mangel an einer eigenständigen wissenschaftlichen Fundierung im Bereich von Lehre und Forschung geklagt. Wie auch über den Mangel an wissenschaftlicher Orientierung der Absolventen und Praktiker der Sozialen Arbeit und damit der fehlenden theoretischen Verortung beruflicher Handlungsfelder. Das Wort von der „disziplinären Heimatlosigkeit" der Sozialen Arbeit machte die Runde (Haupert/Kraimer 1991; Rauschenbach 1991; Dewe/Scherr 1990).

In den 90er Jahren hatte sich dann der Anspruch auf eine Sozialarbeitswissenschaft durchgesetzt (Puhl 1996; Merten u.a. 1996). Unter Sozialarbeitswissenschaft verstehen wir seitdem die Gesamtheit des theoretischen Wissens und der praktischen Handlungskonzepte der Sozialen Arbeit im Sinne einer eigenständigen Disziplin. Die unterschiedlichen Auffassungen über Möglichkeiten und Notwendigkeit dieser Disziplin führten in den 90ern zu Kontroversen zwischen Vertretern der Sozialpädagogik an den Universitäten einerseits und Vertretern von Sozialarbeit und Sozialpädagogik an den Fachhochschulen andererseits. Eine Sozialarbeitswissenschaft ist insofern bedeutsam, weil – wie schon gesagt – das Aufgabenfeld der Sozialen Arbeit der theoretischen Aufarbeitung bedarf und dies auch für die Professionalisierung eine Rolle spielt.

> **Hinweis**
>
> Insgesamt stellt sich der gegenwärtige Stand der Theoriebildung in der Sozialen Arbeit als ein bunter Flickenteppich unterschiedlicher Erkenntnisinteressen, theoretischer Ansätze und unterschiedlicher Ebenen der Problemlösungskonzepte dar.

Diese Vielfalt hat eine Reihe von Gründen. Gründe, die zum einen in den Diskontinuitäten (Unstetigkeiten) der Geschichte der Sozialen Arbeit (Kap. 4) liegen wie in der Vielfalt und Entwicklung ihrer Gegenstände und Ziele (Kap. 2). Soziale Arbeit hat keinen eindeutig abgegrenzten Objektbereich, wie es etwa die Erziehungswissenschaft in der Schule hat. Zum anderen sind die Gründe in den äußeren Rahmenbedingungen, d.h. der Art und Weise der Leistungserbringung und den ihr zur Verfügung stehenden Ressourcen (Kap. 3) zu suchen, wie in der methodischen Entwicklung (Kap. 5) der Disziplin. Insgesamt resultiert die Vielfalt von Theorieansätzen und Erkenntnisinteressen der Sozialen Arbeit aus der Vielfalt ihrer Traditionen und Paradigmen (wissenschaftliche Orientierungssysteme). Blanke und Sachße sehen diesen Zustand nicht, wie ich oben dargestellt habe, als Mangel der Disziplin an, sondern als ihren Vorteil:

„Gerade weil es keine disziplinäre Geschlossenheit gibt, gerade weil bislang kein theoretischer Ansatz absolute Dominanz für sich beanspruchen kann, ist die Bereitschaft zur Aufnahme und Weiterentwicklung neuer Diskussionsanstöße groß und die Vielfalt nicht nur bunt, sondern – vielleicht – auch produktiv." (Blanke/Sachße 1987)

Der Stellenwert der Theoriebildung in der Sozialen Arbeit wird vielleicht durch die folgende Überlegung deutlich: Wie in allen Erziehungs- und Sozialwissenschaften so kann auch von der Sozialen Arbeit gesagt werden, dass die einer Wissenschaft zugrunde liegenden wissenschaftstheoretischen Positionen auch die jeweiligen Auffassungen von Theorie und Praxis, also wissenschaftlichem Wissen und praktischem Erfahrungswissen sowie die daraus resultierenden Handlungskompetenzen beeinflussen.

Die Vielgestaltigkeit, Offenheit und Unabgeschlossenheit der Debatte um das theoretische Koordinatensystem der Sozialen Arbeit macht es derzeit unmöglich, diese gleichsam abschließend zu resümieren oder gar klassifizierend in ein System wissenschaftlicher Sätze einzuordnen. Ich will im Folgenden den disziplinären Entwicklungsprozess und seine wissenschaftstheoretische Verortung skizzieren. Dabei kann ich hier nur wenige zentrale Positionen darstellen, die jedoch Dynamik und Richtung der Disziplin „Soziale Arbeit" zumindest in einigen Punkten deutlich machen dürften.

Das idealistisch-individualisierende Paradigma

Dieser Ansatz geht auf die Rettungshauspädagogik Pestalozzis zu Beginn des 19. Jahrhunderts zurück (Kap. 4). Er ging, beeinflusst durch die Aufklärung, als einer der ersten Pädagogen von der besonderen Eigenart der Kinder aus und entwickelte ein pädagogisches Gesamtkonzept von Beheimatung, Arbeit und Erziehung. Beflügelt von der idealistischen Vorstellung, durch Sozialerziehung den „sittlichen" Zustand der unteren Schichten zu heben und damit zur Erneuerung der gesamten Nation beitragen zu können, breitete sich die Rettungshaus-Bewegung zu einer umfänglichen Reformbewegung aus. Der wichtigste Vertreter dieser Richtung in Deutschland war Johann Heinrich Wichern. 1832 gründete er in Horn bei Hamburg das so genannte „Rauhe Haus" für verwahrloste Kinder und Jugendliche. Wicherns pädagogische Prinzipien waren eine familienanaloge und individualisierende Erziehung auf der Basis der Freiwilligkeit und Arbeit (Wichern 1962). Seine Aufgabe begriff er als Bewahrung gefährdeter Kinder vor schädlichen Einflüssen der Gesellschaft. Für Wichern war das Problem der verwahrlosten Kinder und Jugendlichen, mithin die soziale Frage, ein sittliches. Er sah darin den Ausdruck einer Krise des christlichen Glaubens, der er durch sozialpädagogische Intervention im Feld der Familie begegnen wollte. Diese Richtung war und ist – modifiziert – maßgebend für die an christlicher Nächstenliebe orientierte sozialpädagogische Hilfe. Auf diese bezogen sich die großen Träger der christlichen Kirchen.

Aus diesem Konzept wird ersichtlich, dass hier der Grundstein gelegt wurde für die Theorie der Einzelfallhilfe und der „Erziehung zum sittlich-moralischen Verhalten". Hilfe und Betreuung fanden im Einzelfall statt. Die Reflexion der strukturellen Bedingungen oder politisch-ökonomischen Ursachen von Verwahrlosung, Armut und Leiden fand nicht statt bzw. war reduziert auf eine allgemeine Glaubenskrise. „Suchen die Proletarier nicht mehr die Kirche, so muss die Kirche anfangen, die Proletarier zu suchen, ..." (Wichern 1962, 148). Über das „Sittliche" vermittelt fand ein Rekurs auf Alltagserfahrungen und -theorien statt. Der Ansatzpunkt seiner sozialpädagogischen Intervention war demzufolge die Familie.

Das pragmatisch-hermeneutische Paradigma

Dies ist der Ansatz der so genannten „sozialpädagogischen Bewegung", die Ende des 1. Weltkrieges entstand und in der Hauptsache während der 20er Jahre ihr Konzept entwickelte. Repräsentativ für diese Reflexion auf die disziplinäre und fachlich-berufliche Identität der Pädagogik ist das mehrbändige, 1933 abgeschlossene, von Nohl und Pallat herausgegebene „Handbuch der Pädagogik". Der 1928 erschienene 5. Band hat ausschließlich die Sozialpädagogik zum Thema (Nohl/Pallat 1928/1966). Gleich zu Anfang entwirft Gertrud Bäumer darin ein definitorisches Konzept der Sozialpädagogik. Diese ist nun nicht mehr mit der alten „Erziehung zur Sittlichkeit" aus den Tagen der Aufklärung und eines Wichern zu verwechseln. Ebenso wenig ist sie orientiert an der vor allem von Makarenko in der Sowjetunion konzipierten „Kollektiverziehung". Bäumer formuliert die Auffassung, der Begriff

> „... Sozialpädagogik bezeichnet nicht ein Prinzip, dem die gesamte Pädagogik, sowohl ihre Theorie wie ihre Methoden, wie ihre Anstalten und Werke – also vor allem die Schule – unterstellt ist, sondern einen Ausschnitt: alles was Erziehung, aber nicht Schule und nicht Familie ist" (Bäumer 1928, 3).

Die Unterscheidung Gertrud Bäumers ist insofern fundamental, nimmt sie doch eine Differenzierung zwischen formellem und informellem Sektor vor (Brunkhorst 1988). Sie löst die Sozialpädagogik aus den Routinen und tradierten Praktiken des Erziehungsalltags von Familien und christlich geprägter Nächstenliebe. In diesem Konzept wird der Sozialpädagogik neben der Heimerziehung und Armenhilfe ein weiteres Standbein beruflich organisierter Erziehung zugewiesen: außerschulische, gesellschaftliche und staatliche Erziehungsfürsorge. Sozialpädagogisches Handeln wird – analog zur Schule – in den Schutzraum eigener Institutionen verlegt. In den Auseinandersetzungen um die Verabschiedung des Reichsjugendwohlfahrtsgesetzes (RJWG) zu Anfang der Weimarer Republik spielen diese Ideen insofern bereits eine Rolle, als die Jugendhilfe und öffentliche Fürsorge in diesem Gesetz als rechtlich abgesicherte Leistung des Staates in eigenen Institutionen verstanden und organisiert wurden.

Gleichzeitig wird der Unterschied von Schul- und Sozialpädagogik hervorgehoben. Die Fürsorge wird vom Unterricht getrennt. Dabei spielt für die Unterscheidung von Sozialpädagogik und Schulpädagogik das Konzept von gemeinschaftsorientierten Fürsorgeleistungen einerseits und allgemeinen, berufs- und staatsbezogenen Unterrichtsaufgaben andererseits eine zentrale Rolle.

Für die sozialpädagogische Praxis wird das soziale und kommunikative Verhältnis zwischen Erziehern und Zöglingen relevant. Es geht um den „pädagogischen" Bezug zwischen reifen Erwachsenen und Jugendlichen. Dabei bestimmen hermeneutische (sinnverstehende, erklärende) Lebensweltanalysen die Alltagspraxis. Gemeint sind alltags- und lebensweltorientierte Konzepte, die von einer normativ geprägten, geisteswissenschaftlichen Pädagogik abgeleitet wurden (Brunkhorst 1988). Die Forschung bezog sich auf die Analyse konkreter Lebensverhältnisse. Die gesellschaftlichen Bedingungszusammenhänge pädagogischer Praxis und Fürsorge und sozialpädagogischer Theoriebildung wurden innerhalb dieser Konzepte jedoch negiert.

Nach dem zweiten Weltkrieg wurden in der Bundesrepublik beide Paradigmen wieder aufgenommen und weitergeführt. Dabei spielte die Erfahrung des 3. Reiches und die unmittelbare Nachkriegszeit eine wichtige Rolle. Verwahrlosung von Kindern und Jugendlichen aufgrund eines pädagogischen Funktionsverlustes in den Schulen und der in den Nachkriegs- und Wiederaufbaujahren belasteten Familien war eine der zentralen sozialen Problemlagen. Sozialpädagogik war gefragt, um mangelhafte Erziehung zu korrigieren und die allgemeine Not der Jugendlichen zu beheben. Außerdem erhielt die Sozialpädagogik die Aufgabe, die mit der Struktur der neuen – demokratischen – Gesellschaft geforderte „neue Erziehung" und „neue Methoden" (Kap. 5) zu praktizieren. Beide Paradigmen erlebten dabei ihre Renaissance: das idealistisch-individualisierende, das um eine neu aufgelegte Erziehung zum sittlichen Verhalten auf dem Hintergrund einer christlich-ethischen Gesinnung am Beispiel der Bergpredigt zentriert war und das pragmatisch-hermeneutische Paradigma, das sozialpädagogische Hilfen als Antwort auf Entwurzelung und Vereinzelung in der Moderne verstand.

Das kollektiv-sozialistische Paradigma

Dieses Paradigma wurde in der DDR aus der Sowjetunion übernommen. Für den orthodoxen Marxismus war Erziehung ausschließlich von der Entwicklung der Produktivkräfte und den sozialen Verhältnissen abhängig. Das bedeutete, dass die Menschen im Laufe der materiell-gesellschaftlichen Umgestaltung der Welt, die sie durch ihre Kollektivarbeit vollbringen, erzogen werden (Suchodolski 1961). Insbesondere formten und „bildeten" sich die Menschen nach diesem Konzept durch die „revolutionäre Praxis", die den dialektischen[2] Hauptfaktor des sozialen Fortschritts ausmacht. Somit war die Vorbereitung zum Bau eines neuen gesellschaftlichen Lebens die Hauptaufgabe der Erziehung. Von diesen Gesichtspunkten aus haben die marxistischen Theoretiker Kritik und Umbildung der Pädagogik und Erziehung vorgenommen.

Das Konzept der Kollektiverziehung wurde wesentlich von Anton Makarenko (1888-1939) geprägt. Als Leiter einer Kolonie „Maxim Gorki" für straffällige Jugendliche (1920-1928) und der Arbeitskommune „Felix Dzerzynskij" (1928-1935), entwickelte er sein Konzept der Kollektiverziehung, in der das Moment der planmäßigen Führung eine zentrale Rolle spielte (Makarenko 1956-62). Dabei kam den Kategorien „Forderung" und „Perspektive" besondere Bedeutung zu. Makarenkos System von demokratischen Elementen und Leitungsfunktionen im Kollektiv, vermischt mit mili-

---

2 D. ist eine philosophische Arbeitsmethode, die in „These" und „Antithese" versucht, Widersprüche aufzudecken und in der „Synthese" zu einer neuen Begrifflichkeit auf höherer Ebene konstituieren will.

tärischen Formen, brachte ihm den Vorwurf ein, das Kollektiv unterdrücke die Persönlichkeit. Dieser Kritik begegnete er, indem er die *Erziehung zur „bewussten Disziplin"* als Auseinandersetzung zwischen den berechtigten Forderungen der gesellschaftlichen Gruppe und der noch im Subjektiven verhafteten, unentfalteten „Sozialistischen Persönlichkeit" bezeichnete. Für Makarenko und in der fortgeführten kollektiven Jugenderziehung in der ehemaligen DDR fielen demnach individuelle und gesellschaftliche Interessen zusammen. Ihren Niederschlag fanden die Ideen der Kollektiverziehung Makarenkos und seiner Arbeitserziehung im Konzept der polytechnischen Bildung der „Allgemeinbildenden Polytechnischen Oberschulen" der ehemaligen DDR (Hurtienne 1969). Sozialpädagogik war schlüssig ersetzt worden durch die Kollektiverziehung zur sozialistischen Persönlichkeit, die Zielsetzung und Methode gleichermaßen darstellte.

Das neomarxistisch-materialistische Paradigma

Im Zuge der Studentenbewegung in den alten Bundesländern ab etwa Mitte der 60er Jahre wurden die bisherigen „traditionellen" Konzepte radikal in Frage gestellt. In der Studentenbewegung fand eine ausgiebige Debatte ausgehend von Marxens Frühschriften (Marx 1844) und seinem Entfremdungsbegriff[3] statt. Die Kritik der politischen Ökonomie des Kapitalismus und die Klassentheorie Marxens werden von einer kritischer werdenden Sozialarbeit und Sozialpädagogik reflektiert. Sie wurde als Überbauphänomen mit systemstabilisierender Funktion charakterisiert. Grundthese war die Überlegung, dass dem Sozialarbeiter in der kapitalistischen Gesellschaft die Rolle zukam, Agent und Repräsentant des herrschenden Staates zu sein. Es war seine Aufgabe, bei seinen Klienten sowohl für die materielle wie für die ideologische Reproduktion des bestehenden Systems zu sorgen (Hollstein/Meinhold 1973). Demnach mussten bewusste und fortschrittliche Sozialarbeiter ihre eigene Klassenlage und die ihrer Klienten reflektieren und in einem kollektives Bündnis im antikapitalistischen Kampf gegen Ausbeutung und Repression nutzbar machen (Autorenkollektiv 1971). Zentraler Ansatz war mithin die Solidarisierung von Sozialpädagogen und Sozialarbeitern mit ihren Klienten im Kampf um eine bessere Gesellschaft. Demzufolge war eine der wissenschaftlichen Haupttätigkeiten, anhand his-

---

3 Nach Marx „... erscheint dem Menschen die Arbeit, die Lebenstätigkeit, das produktive Leben selbst nur als ein Mittel zur Befriedigung eines Bedürfnisses, des Bedürfnisses der Erhaltung der physischen Existenz. Das produktive Leben ist aber das Gattungsleben. Es ist das Leben erzeugende Leben. In der Art der Lebenstätigkeit liegt der ganze Charakter einer species, ihr Gattungscharakter, und die freie bewusste Tätigkeit ist der Gattungscharakter des Menschen. Das Leben selbst erscheint nur als Lebensmittel (Marx 1844, 81) ... „Die positive Aufhebung des Privateigentums, als die Aneignung des menschlichen Lebens, ist daher die positive Aufhebung aller Entfremdung, also die Rückkehr des Menschen aus Religion, Familie, Staat etc. in sein menschliches, d.h. gesellschaftliches Dasein" (Marx 1844, 100).

torischen und statistischen Materials den Nachweis der Klassengesellschaft und der damit einhergehenden Deklassierung ihres Klientels zu erbringen (Marxistische Projektgruppe Bielefeld 1973).

Das kritisch-emanzipative Paradigma

Etwa gleichzeitig wurde die Sozialpädagogik als Diplom-Studiengang an den Universitäten installiert und die Fachhochschulstudiengänge Sozialarbeit und Sozialpädagogik eingerichtet. Es fand eine starke *Orientierung an den Sozialwissenschaften* statt. Immer mehr Studenten der Fachrichtungen Sozialwesen trafen auf eine ausgeprägte Theorieproduktion, in der politische Kontroversen, emanzipatorische Tendenzen mit der euphorischen Aufbruchsstimmung der sozial-liberalen Demokratisierungstendenzen reflektiert wurden. Kritische Impulse aus der Studentenbewegung, der antiautoritären Bewegung (Kinderläden, schwarze Pädagogik) und die Rezeption der „kritischen Theorie" hatten einen tief greifenden Wandel in den Auffassungen der Sozialarbeit und Sozialpädagogik zur Folge.

Einer der wichtigsten Versuche, den Marxismus auf produktive Weise fortzuentwickeln, entstand im Frankfurter Institut für Sozialforschung in der „Kritischen Theorie" (Horkheimer 1937/1968). Den Hintergrund bildete die Idee, einer zugleich philosophisch orientierten und empirisch fundierten Gesellschaftstheorie. Die systematische Einbeziehung aller sozialwissenschaftlichen Forschungsdisziplinen in das Projekt einer materialistischen Gesellschaftstheorie stand der kritischen Theorie als wesentliches Ziel vor Augen. Mit anderen Worten, es wurde die Möglichkeit einer fruchtbaren Ergänzung von akademischer Sozialwissenschaft und marxistischer Erkenntnistheorie gedacht (Honneth 1989).

In der Rezeption der kritischen Theorie verstand sich die Sozialpädagogik an den Hochschulen immer mehr als kritische Wissenschaft. Gleichzeitig fand eine sehr ausgeprägte Reflexion und Kritik von Praxis, vor allem beruflicher Praxis, statt. Das Ziel wurde immer deutlicher, in einer aus Ideologiekritik resultierenden Theorie-Praxis-Auseinandersetzung zu einer kritischen Handlungslehre und zu Strukturveränderungen in der sozialen Arbeit zu gelangen (Otto/Schneider 1973). Die gesellschaftliche Funktion von Sozialarbeit stand im Mittelpunkt von Untersuchungen, die daraus Entwicklungslinien und -perspektiven für Theorie und Ausbildung zu konzipieren suchten (Barabas/Blanke u.a. 1975, 1977). Es wurden Verbundsysteme von Theorie und Praxis in Form von Projektinitiativen und Projektstudiengängen entworfen. Der Bereich der Handlungsforschung erhielt Auftrieb.

Das sozial-ökologische Paradigma oder Lebensweltorientierung

Seit den 80er Jahren haben die Theorieproduktion und -kontroversen um die Soziale Arbeit ihre widersprüchliche Situation weiter herausgearbeitet und ihre Perspektiven deutlicher werden lassen. Gegen Ende der 70er Jahre begann eine Auseinandersetzung über die Funktion der Sozialen Arbeit, die sich skeptisch gegenüber den Positionen verhielt, die der Sozialarbeit ausschließlich die Rolle eines „Reparaturbetriebes des Kapitalismus" zuschrieben. Es wurde eher die „politische Produktivität der Sozialarbeit" ins Auge gefasst (Gaertner/Sachße 1978). Damit wurde eine *Wende zum Pragmatismus* eingeleitet. Der Sozialen Arbeit wurde nun nicht mehr nur eine Lückenbüßerfunktion zugesprochen, deren Aufgabe es lediglich sein sollte, die Außenseiter und sozial an den Rand Gedrängten notdürftig zu versorgen. Vielmehr hatte die Ausweitung der Aufgaben der sozialen Arbeit (s. Kap. 2) zur Folge, dass sich ihr negatives Image als „Flickschuster der Nation" zu wandeln begann.

Gleichzeitig fand in den Sozialwissenschaften eine Abwendung vom Konzept der Industriegesellschaft hin zum Modell der „postmodernen" Gesellschaft statt, zur Dienstleistungsgesellschaft und zur „Theorie des kommunikativen Handelns" (Habermas 1981; Matthes 1982). Probleme der „Risikogesellschaft" wurden genauso diskutiert wie die „Neue Unübersichtlichkeit (Beck 1986; Habermas 1985). In der Folge wandte sich auch die Sozialpädagogik und Sozialarbeit mehr dem Subjekt und seinem Alltag zu. Die Biographieforschung erhielt Auftrieb und in ihrem Gefolge fanden in der sozialen Arbeit „Lebensweltanalysen" (Haupert/Kraimer 1991) und „soziale Deutungsmuster" (Dewe/Scherr 1990) Aufmerksamkeit.

Für die Soziale Arbeit, wie überhaupt für alle gesellschaftlichen Bereiche, wurden allgemeine Verweigerungstendenzen bedeutsam („we don't need no education"). Insgesamt wurde der *Alternativbewegung*, den Bürgerinitiativen und den Selbsthilfegruppen immer mehr Interesse geschenkt. Die Bedeutung der Alternativbewegung für die Praxis der Sozialen Arbeit wie auch die theoretische Reflexion hatte ich im Kap. 3. skizziert. Die euphorische Betrachtung der Alternativbewegung hat mittlerweile einer nüchternen Betrachtung und Bewertung Platz gemacht. „Bürgerinitiativen und Selbsthilfegruppen thematisieren nicht nur die immer deutlicher werdende Zerstörung der äußeren Umwelt, der natürlichen Lebensgrundlagen der Menschen durch eine rücksichtslose Ausweitung industrieller Produktion, sondern auch die sozialen Folgen von Industrialisierung und Verstädterung; die zunehmende Auflösung gewachsener sozialer Beziehungen durch immer anonymere, sinnentleerte Vergesellschaftungsmechanismen" (Blanke/Sachße 1987). In diesem Zusammenhang wird in der Sozialen Arbeit von einem ökologischen Paradigma gesprochen.

Im Gegensatz zur materialistischen Gesellschaftskritik, die am Privateigentum und am Widerspruch von Arbeit und Kapital (Marx 1844/1966) ansetzte, geht die ökologische Gesellschaftskritik einen Schritt weiter. Sie setzt bei der Form der gesellschaftlichen Produktion und an ihrer Herrschaft über Mensch und Natur an. So zeigen ökologische Warnsignale, dass die bisherigen Formen industrieller Produktion an unüberschreitbare Grenzen stoßen: Arbeit wird dauerhaft knapp, familiale Lebensformen und die Partnerbeziehungen zwischen Männern und Frauen wandeln sich, das menschliche Erbgut wird verfügbar und manipulierbar und die enorm gesteigerten Möglichkeiten elektronischer Informations- und Kommunikationstechnologien bezeichnen den Sprung in eine neue Lebensqualität (Beck 1986). Die Verschmutzung und Ausbeutung der natürlichen Umwelt hat globale und teilweise nicht wiedergutzumachende Ausmaße angenommen. Dieser Prozess zieht tief greifende soziale Veränderungen nach sich. So wird die Planung der eigenen Lebensbiographie zunehmend in die Hände der Individuen gelegt, die sich weder auf Solidaritäten noch auf Privilegien noch auf kulturelle Lebensmuster verlassen können, also weder auf die Familie, Nachbarschaften, Besitzstände oder andere soziale Lebensformen.

Die Zerstörung ganzheitlicher Lebensformen hat zur Folge, dass die soziale Arbeit diese durch professionelle Dienstleistungen ergänzen oder ersetzen muss (Kap. 3). Ich hatte schon versucht, deutlich zu machen, dass der Sozialen Arbeit die Tendenz innewohnt, Mangellagen, die sie beheben soll, gleichzeitig selbst zu definieren. Daraus resultiert das Problem der Expertenherrschaft. Blanke und Sachße sprechen von „Vermachtung sozialer Beziehungen", die eine „soziale Enteignung" der Bürger notwendig nach sich zieht (Blanke/Sachße 1987). Soziale Arbeit stellt sich demnach eher als ein Netz sozialer Kontrolle dar, das die Betroffenen entmündigt. Zentral bei diesen Überlegungen scheint mir zu sein, dass die Verfasser davon ausgehen, dass das sozial-ökologische Paradigma insofern Auswirkung auf die Debatte um die Soziale Arbeit hat, als die sozialen Probleme nicht mehr angemessen unter dem traditionellen – aus der Politik stammenden – gegensätzlichen Denkschema von „rechts" und „links" diskutierbar sind.

Für die Soziale Arbeit hat der Bezug auf das sozial-ökologische Paradigma zur Folge, dass sie ihr Klientel wieder zu kompetenteren Akteuren ihrer Lebenswelten werden lässt (Rauschenbach/Ortmann/Karsten 2000). Dies bedeutet, bei Einschätzungen von Problem- und Mangelsituationen muss immer die subjektive Lage der Akteure berücksichtigt werden. Das „Verstehen" dieser Lage besteht darin, dass die Situation des handelnden Menschen hinreichend analysiert wird, um die Handlungen aus der Situation heraus ohne weitere „Deutungen" zu erklären. Das heißt, wir können erkennen, dass diese oder jene Handlung objektiv situationsgerecht war. Eine Situation stellt ja immer den begrenzten Ausschnitt einer Lebenswelt dar. Die Handelnden bewegen sich stets innerhalb des Horizonts ihrer Lebenswelt und die Strukturen dieser Lebenswelt legen die Formen zwischenmenschlicher Verständigung fest (Habermas 1981, II, 192ff.). Kommunikativ Handelnde interpretieren nicht nur ihre Wirklichkeit, sondern sie können sie verändern und verbessern! Lebenswelt bildet also den selbstverständlichen Erfahrungshorizont, über den Gesellschaftsmitglieder verfügen. Die Mitglieder derselben Lebenswelt teilen dieselben Hintergrundfertigkeiten und Hintergrundbeziehungen: sie ist der für die Individuen selbstverständliche Hintergrund für kommunikatives Handeln und damit Grundlage für die Verständigung.

Mit anderen Worten, der hier dargestellte Ansatz analysiert eine Situation so weit, dass beispielsweise die zunächst psychologischen Momente wie Wünsche, Motive, Erwartungen und Assoziationen in Situationsmomente übersetzt werden, die in der Logik der jeweiligen Lebenswelt zu verstehen sind.

Das systemische Paradigma

Die Soziale Arbeit ist inzwischen gekennzeichnet durch den Einzug systemischen Denkens. Dabei wurde die Theorie sozialer Systeme von Niklas Luhmann (Luhmann 1984) für die Soziale Arbeit fruchtbar gemacht (Miller 2001, Ritscher 2002, Hollstein-Brinkmann 1993).

Systemtheoretisches/Systemisches Denken geht davon aus, dass der Mensch als soziales Wesen einer Vielzahl von Sozialsystemen angehört z.B. der Familie, dem Betrieb, dem Sportverein, dem Freundeskreis usw. Diese einzelnen Systeme sind jedoch als miteinander verbunden und somit als Ganzes zu verstehen. Das Ganze, bestehend aus einer Reihe von Teilsystemen, ist immer etwas anderes als die Summe seiner Teile, vergleichbar mit einem Kreis, dessen Linie aus vielen einzelnen Punkte besteht (Schilling 1997, 232f.). Die Aufmerksamkeit unter diesem Aspekt gilt also nicht mehr beispielsweise primär dem einzelnen auffälligen Kind, sondern richtet sich auf die ganze Familie als Beziehungssystem (Erler 2001, 525).

Durch die Kombination der Teilsysteme erhält das Gesamtsystem neue zusätzlich Qualitäten. Man kann deshalb nicht mehr auf Problemkonstellationen mit Monokausalitäten antworten und die damit verknüpften Wenn-Dann-Aussagen verlieren ihr Gültigkeit. Aussagen werden seitdem grundlegend relativiert. Diese Überlegungen führten dazu, dass man nicht mehr an isolierten Einzelergebnissen interessiert war, vielmehr wollte man wissen, wie das „Ganze" funktioniert, wie die einzelnen Teile dem „Ganzen" zuzuordnen sind und wie die Beziehungen der Teile untereinander gestaltet sind. Der systemische Blick richtet sich demzufolge nicht darauf, wie das einzelne Teil, sondern wie das System funktioniert. Der Blick richtet sich also auf das Zusammenspiel und auf die Organisation des Ganzen (Erler 2003, 16ff.).

Soziale Arbeit begleitet, berät, unterstützt, pflegt und betreut Personen, die der Hilfe bedürfen, sie versucht aber auch soziale Situationen bzw. die sozialen Bedingungen ihres Lebens zu verändern. Dies tut sie in der Form von Prävention, Intervention und spezifischen methodischen Handlungskonzepten als direkte oder indirekte Dienstleistung (s. Kap. 2). Der systemtheoretische/systemische Ansatz ermöglicht dazu eine ganzheitliche Betrachtungsweise. Das heißt, die Dinge, mit denen wir es zu tun haben, können in einem größeren Zusammenhang betrachtet werden. Ich hatte oben gesagt, ein System besteht aus einer Kombination von Teilsystemen, die miteinander in Beziehungen stehen. Wenn wir also das „Ganze" versuchen zu verstehen bzw. zu verstehen suchen, wie es funktioniert, dann haben wir auch eine Vorstellung davon, wie das Einzelne funktioniert. Und wenn wir eine Ahnung davon bekommen, was das Einzelne ausmacht, wie es „funktioniert", dann bekommen wir auch eine Ahnung wie das Ganze funktioniert (Erler 2003, 107ff.; 130ff.).

Wenn Menschen als biologische, soziale, kognitive, psychische, spirituelle und handelnde Wesen verstanden werden, dann bedeutet Ganzheitlichkeit, diese Vielfältigkeit im Rahmen von Wechselwirkungen als miteinander verbunden zu begreifen (Miller 2001, 240). Wir sind dann gefordert, in unsere Zustandsbeschreibung vielschichtige Interdependenzen (gegenseitige Abhängigkeiten) einzubeziehen, die ihrerseits nicht frei sind von ökonomischen, politischen, kulturellen, ökologischen und nicht zuletzt von sozialen Umweltfaktoren. In dem systemischen Ansatz geht es nicht um eine Zustandsbeschreibung mittels Daten und Materialien rund um Personen, sondern im Wesentlichen um das Verstehen von Beziehungen und Zusammenhängen (Erler 2003, 30ff.).

Das Selbstverständnis sozialer Arbeit

Wie man sich leicht denken kann, haben die Paradigmenwechsel bzw. das Nebeneinander der unterschiedlichen Paradigmen mit ihren Theorie- und Handlungskonzepten nicht nur angehende Studentinnen und Studenten der sozialen Arbeit verwirrt. Aus der häufig für sie undurchsichtigen Situation von gleichzeitigen Hilfe- und Kontrollaufgaben, fehlendem beruflichen Status und eigenen Bedürfnissen zu helfen, flüchteten viele entweder in modische Trends der alternativen Szenarien oder einen Berufszynismus. Für das Selbstverständnis der sozialen Arbeit als Disziplin scheint es notwendig, zentralen Fragen nach der eigenen Professionalisierung, ihrem Organisationsgrad sowie ihrer gesellschaftlichen Bedeutung nachzugehen. Es ist offen, welches Paradigma in der augenblicklichen Situation den Erfolg versprechendsten Ansatz zur Klärung der Fragen im 21. Jahrhundert anzubieten hat.

Wie wir sehen konnten, haben die Arbeitsbereiche der sozialen Arbeit in den letzten 20 Jahren eine enorme horizontale Ausdehnung erfahren. Das heißt, soziale Arbeit wird in einer immer größeren Zahl von Berufsfeldern geleistet. Beispielhaft zeigt das neue KJHG, in welcher Weise – der Umfang ist noch gar nicht abzuschätzen – unspezifische Hilfen und Beratung in fast allen nur denkbaren Lebenslagen vonnöten sind. Beratung braucht in der Tendenz jeder und jede in der immer komplexer werdenden Gesellschaft. Sie beschränkt sich aber nicht auf bereits eingetretene Notstände. Diese gilt es gerade zu verhindern, deshalb ist in besonderem Maße vorbeugendes Handeln, Prophylaxe, geboten (Blanke/Sachße 1987, 260; Miller 2001).

Unter *Professionalisierung* wird nun die Entwicklung eines spezifischen, hoch qualifizierten Leistungsangebotes verstanden. Dieses Leistungsangebot ist im Allgemeinen so angelegt, dass andere Berufe und Laien diese Problemlösungen nicht erbringen können. Deshalb wird auch von Verberuflichung gesprochen. Die soziale Arbeit konnte sich als Beruf unter dem permanenten Eindruck des Ehrenamtes nicht so recht entwickeln, hatte sie im Ehrenamtlichen bzw. Laien doch immer Konkurrenz zu fürchten. Schaut man sich jedoch das Arbeitssegment der sozialen Arbeit genauer an, so ist seine quantitative Entwicklung enorm.

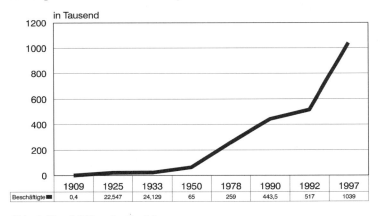

Abb. 1: Beschäftigte im Sozialwesen
Quelle: Rauschenbach 1991; 1999; Bäcker u.a. 2000

Von 1950 bis 1997 hat sich die Zahl der im Sozialwesen tätigen Personen vervielfacht (von etwa 65.000 auf über 1 Mio. Personen; Rauschenbach 1999, 52; Abb. 1). Es scheint so, als läge die soziale Arbeit in ihrer quantitativen Entwicklung auf dem ersten Platz der „Hitliste" der so genannten „Zukunftsberufe" (Stoss/Weidig 1990). Wenn man sich des Weiteren klarmacht, dass 1996 allein die Wohlfahrtsverbände, also Caritas, Diakonisches Werk, Arbeiterwohlfahrt, Rotes Kreuz und Paritätischer Wohlfahrtsverband insgesamt etwa 1 Mio. hauptamtlich Beschäftigte zählen – eine Zahl, die nicht einmal die Automobilbranche aufweist –, dann wird vielleicht deutlich, welche gesellschaftliche, sozial- und arbeitsmarktpolitische Rolle die

Soziale Arbeit erlangt hat (Bäcker u.a. 2000, Bd. 2, 370). Es erstaunt, dass sie ihre faktische Größe und Bedeutung nicht annähernd realisiert hat.

Was die *Verfachlichung* betrifft, so kann festgestellt werden, dass beispielsweise innerhalb der Jugendhilfe der Anteil des ausgebildeten Personals in der Zeit zwischen 1974 und 1994 von knapp 72% auf ca. 81% angestiegen ist. Der Anteil sozialpädagogischer Fachkräfte stieg im gleichen Zeitraum von 46% auf immerhin 62% (Rauschenbach 1999, 50f.).

Unter *Akademisierung* versteht man die Entwicklung des Anteils der an Hochschulen ausgebildeten Personen am Personal. Rechnet man den Elementarbereich, der die Domäne der Erzieherinnen zu sein scheint heraus, so ist zwischen 1974 und 1990 im Bereich der Kinder- und Jugendhilfe ein Anstieg des Akademisierungsgrades auf 37% festzustellen (Rauschenbach 1999, 52).

Für die prinzipiellen Problemstellungen der Sozialen Arbeit bedeuten diese Entwicklungen den Zwang zur Auseinandersetzung mit ihrer Professionalisierung. Also inwiefern möglicherweise die Tatsache, dass die soziale Arbeit über keine scharf systematisch eingegrenzte Wissensbasis und über keine monopolisierten Methoden und Techniken verfügt, für ihre Ausbreitung günstig ist. Inwieweit eine diffuse Zuständigkeit für Beratung, Hilfen in verschiedensten Lebenslagen ihrer Ausbreitung in immer mehr gesellschaftliche Teilbereiche entgegenkommt.

Hinweis

Die Auseinandersetzung über die Problematik der Bürokratisierung und Verrechtlichung der sozialen Arbeit versus Selbsthilfen und Alternativen werden in Zukunft die Debatte über ihr Selbstverständnis ihrer gesellschaftlichen Aufgaben bestimmen. Es werden entlang der Widersprüchlichkeit der Sozialen Arbeit die Fragen nach Expertenwissen, d.h. der wissenschaftlichen Durchdringung der Gegenstandsbereiche genauso beantwortet werden müssen wie die nach einer Ethik sozialpädagogischen Forschens und Handelns.

Abschließen möchte ich jedoch dieses Kapitel, das die Unsicherheit und Ungewissheit der Sozialen Arbeit sich selbst gegenüber zum Thema hatte, mit einer scheinbar eindeutigen Position zu ihrer Aufgabe:

> „Soziale Arbeit kann ... am ehesten auch die Diagnosen, Intentionen und Interventionen anderer Helfer koordinieren und integrieren. Und schließlich: Es ist kein anderer Beruf in Sicht, der diese ‚Ganzheitlichkeit' realisieren kann" (Mühlum/Kemper 1988, 14).

Wobei diese Setzung wiederum allerhand Fragen Tür und Tor öffnet. Es wird sich zeigen, inwieweit das ökologische Paradigma der Sozialen Arbeit, mithin das Theorem von der Kolonisierung der Lebenswelt durch das ökonomische System oder der systemische Denkansatz, notwendige Ergänzungen und Präzisierungen zu leisten imstande sind.

Zusammenfassung

Ausgangspunkt dieses Kapitels war das Dilemma der Sozialen Arbeit, über keine selbstverständliche gesellschaftliche Aufgabenstellung zu verfügen. Damit hängt eine fehlende disziplinäre Identität zusammen. Ich hatte daraufhin versucht, die wissenschaftstheoretischen Bezüge der Sozialen Arbeit, ihre Paradigmen, in ihrer historischen und gesellschaftlichen Entwicklung zu skizzieren. Dabei wurden abschließend Fragen offensichtlich, die des weiteren die Auseinandersetzung der Sozialen Arbeit mit sich selbst bestimmen werden.

Lesehinweise

Dewe, Bernd/Ferchhoff, Wilfried/Scherr, Albert/Stüwe, Gerd (2001): Professionelles soziales Handeln. Soziale Arbeit zwischen Theorie und Praxis. Weinheim und München. 3. Aufl.

Schilling, Johannes (2005): Soziale Arbeit. Geschichte, Theorie, Profession. Opladen. 2. Aufl.

Thiersch, Hans (2002): Positionsbestimmungen der Sozialen Arbeit. Weinheim und München.

Literatur

Abel, W. (1980): Strukturen und Krisen der spätmittelalterlichen Wirtschaft. Stuttgart.
Achinger, H. (1966): Soziologie und Sozialreform. In: Soziologie und moderne Gesellschaft. Verhandlungen des 14. Deutschen Soziologentages v. 20. bis 24. Mai 1959 in Berlin. 2. Aufl. Stuttgart.
Amthor, R.C. (2003): Die Geschichte der Berufsausbildung in der Sozialen Arbeit. Weinheim und München.
Ariès, P./Duby, G. (1990) (Hrsg.):Geschichte des privaten Lebens. Bd. II. Vom Feudalzeitalter zur Renaissance. Frankfurt/M.
Aristoteles (1977): Politik. Stuttgart
Autorenkollektiv (1971): Gefesselte Jugend. Fürsorgeerziehung im Kapitalismus. Frankfurt/M.
Bäcker, G. (1986): Sozialpolitik durch soziale Dienstleistungen. Zukunftsperspektiven des Sozialstaates. WSI Mitteilungen H. 3. S. 201-216
Bäcker, G./Bispinck, R./Hofemann, K./Naegele, G. (2000): Sozialpolitik und Soziale Lage in Deutschland. Wiesbaden. 3. Aufl.
Badura, B./Groß, P. (1976): Sozialpolitische Perspektiven. München.
Baldock, J./Evers, A. (1991): Beiträge zu einer neuen Dienstleistungskultur. Beispiele aus dem Bereich der Altenpflege in den Niederlanden, Schweden und England. In: Soziale Welt. Heft 2. S. 232-258
Barabas, F. (1978): Die verfassungsrechtlichen Schranken staatlicher Erziehungsmaßnahmen in der Jugendhilfe. Diss. Frankfurt/M.
Barabas, F. (1991): Soziale Arbeit zwischen Selbstorganisation und Profession: Eine Bestandsaufnahme der Sozialarbeit in der BRD. Vortrag gehalten in Caen. Manuskript. Fachhochschule Frankfurt/M.
Barabas, F. (1992): Recht und Krisenintervention. In: Straumann, U. (1992): Beratung und Krisenintervention. Köln.
Barabas, F./Blanke, Th./Sachße, Ch./Stacheit, U. (1975): Jahrbuch Sozialarbeit 1976. Reinbek.
Barabas, F./Blanke, Th./Sachße, Ch./Stacheit, U. (1977): Jahrbuch Sozialarbeit 1978. Reinbek.
Barabas, F./Erler, M. (2002): Die Familie. Einführung in Soziologie und Recht. Weinheim und München. 2. Aufl.
Bartlett, H. (1976): Grundlagen beruflicher Sozialarbeit. Integrative Elemente einer Handlungstheorie für Sozialarbeiter/Sozialpädagogen. Freiburg.
Bauer, R. (1988): Verbesserung durch Laien? – Zur Kritik der Privatisierung Sozialer Dienstleistungen. In: Leviathan. H. 4. S. 489-500
Bauer, R./Dießenbacher, H. (Hrsg.) (1984): Organisierte Nächstenliebe. Wohlfahrtsverbände und Selbsthilfe in der Krise des Sozialstaats. Opladen.
Bäumer, G. (1928): Die historischen und sozialen Voraussetzungen der Sozialpädagogik und die Entwicklung ihrer Theorie. In: Nohl/Pallat (Hrsg.): Handbuch der Pädagogik. Bd. 5. Sozialpädagogik. Nachdruck Weinheim 1966.

Beck, U. (1986): Risikogesellschaft. Auf dem Weg in eine andere Moderne. Frankfurt/M.
Beck, U./Beck-Gernsheim, E. (Hrsg.) (1994): Riskante Freiheiten. Frankfurt/M.
Beher, K./Liebig, R./Rauschenbach, Th. (2002): Wohlfahrtsverbände als Arbeitgeber. Weinheim und München.
Berger, R. (Hrsg.) (2001): Studienführer Soziale Arbeit. Münster.
Bernstein, S./Lowy, L. (1975): Neue Untersuchungen zur sozialen Gruppenarbeit. Freiburg.
Bertram, H./Gille, M. (1990): Datenhandbuch. Weinheim/München.
Beugen, M. van (1972): Agogische Intervention. Planung und Strategie. Freiburg.
Bevollmächtigte der hessischen Landesregierung für Frauenangelegenheiten (Hrsg.) (1988): Die Pflegebereitschaft der Töchter. Zwischen Pflichterfüllung und eigenen Lebensansprüchen. Wiesbaden.
Biedenkopf, K. (1998): Es zählt nicht nur Erwerbsarbeit. In: Frankfurter Allgemeine Zeitung. Juni 1998.
Bien, W./Hartl, A./Teubner, M. (Hrsg.) (2002): Stieffamilien in Deutschland. Opladen.
Biestek, F. (1968): Wesen und Grundsätze der helfenden Beziehung in der sozialen Einzelhilfe. Freiburg.
Blandow, J./Wilckhaus, F. (1989): Wo sind die Ehrenamtlichen, wer sind die andern? Das Personal der Freien Wohlfahrtspflege. In: Sozialmagazin. H. 3. S. 26-30
Blanke, Th./Sachße, Ch. (1987): Wertwandel in der Sozialarbeit? In: Olk, Th./Otto, H.-U. (Hrsg.) (1987): Soziale Dienste im Wandel. Bd. 1. Darmstadt.
BMfBF (Bundesministerium für Bildung und Forschung, Hrsg.) (2003): Die Fachhochschulen in Deutschland. Bonn. 4. Aufl.
Boulet/Krauß/Oelschlagel (1980): Gemeinwesenarbeit, eine Grundlegung. Bielefeld.
Brack, R. (1976): Methode – Fetisch oder Arbeitsinstrument. In: Sozialarbeit/ Travail Social. H.1. S. 26-33
Bretz, M./Niemeyer, F. (1992): Private Haushalte gestern und heute. In: Wirtschaft und Statistik. Heft 2. S. 73-81
Brinkmann, C. (1986): Finanzielle und psychosoziale Folgen der Arbeitslosigkeit. In: Materialien aus der Arbeitsmarkt- und Berufsforschung. Nr.8. Stuttgart/Mainz
Brunkhorst, H. (1988): Pädagogisierung der Normalisierungsarbeit. In: Neue Praxis. H. 4. S. 290-300
Bundesminister für Jugend, Familie und Gesundheit (Hrsg.) (1985): Nicht- eheliche Lebensgemeinschaften in der Bundesrepublik Deutschland. Stuttgart/Mainz.
Bundesminister für Jugend, Familie, Frauen und Gesundheit (Hrsg.) (1990): 8. Jugendbericht. Bonn.
Burckhardt, J. (o.J.): Die Kultur der Renaissance in Italien. Bern.
Burnham, J.B. (1995): Systemische Familienberatung. Weinheim und München.
Chassé, K.A./Wensierski, H.-J. von (2002): Praxisfelder der Sozialen Arbeit. Weinheim und München. 2. Aufl.

Coester-Waltjen, D. (1992): Die Rolle der Geschlechter im deutschen Familienrecht seit 1900. In: StAZ. H.2. S. 34-41
Dahrendorf, R (1990): Die offene Gesellschaft und ihre Ängste. Referat auf dem 25. Deutschen Soziologentag in Frankfurt/M. Vorabdruck in: Frankfurter Rundschau. 13.10.1990. S. 7
Dahrendorf, R. (1992): Der moderne soziale Konflikt. Stuttgart.
Deter, D./Straumann, U. (Hrsg.) (1990): Personenzentriert Verstehen – Gesellschaftsbezogen Denken – Verantwortlich Handeln. Köln.
Deutscher Bundestag (1986): 4. Familienbericht. Drucksache des Deutschen Bundestages 10/6145. Bonn.
Deutscher Bundestag (Hrsg.) (1990): Fragen an die deutsche Geschichte. Bonn.
Deutscher Verein für öffentliche und private Fürsorge (Hrsg.) (1980, 2002): Fachlexikon der sozialen Arbeit. Frankfurt/M. 5. Aufl.
Dewe, B./Ferchhoff, W./Scherr, A./Stüwe, G. (2001): Professionelles soziales Handeln. Weinheim, München. 3. Aufl.
Dewe, B./ Scherr, A. (1990): Gesellschafts- und kulturtheoretische Bezugspunkte einer Theorie sozialer Arbeit. In: Neue Praxis H. 2. S. 124-143
Döring, D./Hanesch, W./Huster, E.-U. (Hrsg.) (1990): Armut im Wohlstand. Frankfurt/M.
Engstler, H./Menning, S. (2003): Die Familie im Spiegel der amtlichen Statistik. Herausgegeben vom Bundesministerium für Familie, Senioren, Frauen und Jugend. Berlin.
Erler, M. (1982): Vorschulerziehung im Sozialstaat. Frankfurt/M./Bern.
Erler, M. (1998): Armut im Wandel. In: Sozialmagazin. Die Zeitschrift für Soziale Arbeit. H. 10, S. 22-29
Erler, M. (2001): Stichwort „Familienbildung und systemische Familienarbeit". In: Otto, H.-U./Thiersch, H. (Hrsg.): Handbuch Sozialarbeit/Sozialpädagogik. Neuwied 2. Aufl. S. 521-528.
Erler, M. (2003): Systemische Familienarbeit. Weinheim und München.
Finis Siegler, B. (1997): Ökonomik Sozialer Arbeit. Freiburg i. B.
Foucault, M. (1977): Überwachen und Strafen. Frankfurt/M.
Fröbel, F. (1926): Die Menschenerziehung. Leipzig.
Fröbel, F. (1947): Theorie des Spiels. Bd. II + III. Weimar.
Gaertner, A./Sachße, Ch. (1978): Politische Produktivität der Sozialarbeit. Frankfurt/M.
Galuske, M. (2002): Methoden der Sozialen Arbeit. Weinheim und München. 4. Aufl.
Gehrmann, G./Müller, K. (2001): Praxis Sozialer Arbeit: Familie im Mittelpunkt. Handbuch effektives Krisenmanagement für Familien. Regensburg. 2. Aufl.
Geißler, H. (1975): Neue soziale Frage. o.O.
Gordon, Th. (1996): Familienkonferenz. Hamburg. 19. Aufl.
Greenstone, J./Leviton, S. (1983): Krisenmanagement. In: Corsini (Hrsg.) (1983): Handbuch der Psychotherapie. Bd. 1. Weinheim/Basel.
Griese, H. (1989): Sozialpädagogik. Stichwort in: Wörterbuch der Soziologie. Stuttgart.
Groß, P. (1993): Die Dienstleistungsstrategie in der Sozialpolitik. In: Braun, H./Johne, G. (Hrsg.): Die Rolle sozialer Dienste in der Sozialpolitik. Frankfurt/New York.

Habermas, J. (1981): Theorie des kommunikativen Handelns. Bd. 2 Zur Kritik der funktionalistischen Vernunft. Frankfurt/M.
Habermas, J. (1985): Die neue Unübersichtlichkeit. Frankfurt/M.
Haupert, B./Kraimer, K. (1991): Die disziplinäre Heimatlosigkeit der Sozialpädagogik/Sozialarbeit. In: Neue Praxis. H. 2 S. 106-121
Hauser, R./Semrau, P. (1989): Trends in Poverty and Low Income in the Federal Republic of Germany. Frankfurt/M./Mannheim.
Heiner, M. (Hrsg.) (1998): Experimentierende Evaluation. Weinheim und München.
Hess, D./Hartenstein, W./Smid, M. (1991): Auswirkungen von Arbeitslosigkeit auf die Familie. In: Mitteilungen aus der Arbeitsmarkt- und Berufsforschung. Heft 1. S. 178-192
Hinte, W.; Lüttringhaus, M.; Oelschlägel, D. (2002): Grundlagen und Standards der Gemeinwesenarbeit. Weinheim und München
Hofmann-Riem, C. (1989): Elternschaft ohne Verwandtschaft: Adoption, Stiefbeziehung und heterologe Insemination. In: Nave-Herz, R./Markefka, M. (Hrsg.) (1989): Handbuch der Familien- + Jugendforschung. Bd. 1 Neuwied.
Höhn, C. (1989): Demographische Trends in Europa seit dem 2. Weltkrieg. In: Handbuch der Familien- + Jugendforschung. (1989) Bd. 1 Neuwied.
Hollstein, W./Meinhold, M. (1973): Sozialarbeit unter kapitalistischen Produktionsbedingungen. Frankfurt/M.
Hollstein-Brinkmann, H. (1993): Soziale Arbeit und Systemtheorien. Freiburg/Br.
Honneth, A. (1989): Kritische Theorie. In: Kölner Zeitschrift für Soziologie und Sozialpsychologie. H.1 S. 1-32
Horkheimer, M. (1937): Traditionelle und kritische Theorie. Frankfurt/M.
Hurtienne, G. (1969): Die Entwicklung der Polytechnischen Bildung in der Sowjetunion und in der DDR in vergleichender Sicht. In: Anweiler, O. (Hrsg.) (1969): Bildungsreformen in Osteuropa.
Illich, I. (1979): Entmündigende Expertenherrschaft. In: Illich, I. u.a. (Hrsg.) (1979): Entmündigung durch Experten. Reinbek.
Kant, I. (o.J.): Kritik der reinen Vernunft. Berlin.
Karsten, M-E. (1987): Refamilialisierung der Jugendhilfe – nur eine Programmformel? In: Sozialwissenschaftliche Literatur Rundschau. H. 15. S. 26-30
Klafki, W. u.a. (1971): Funkkolleg Erziehungswissenschaft. 3 Bde. Frankfurt/M.
Kosselleck, R. (1989): Preußen zwischen Reform und Revolution. München.
Kramer, D. (1983): Das Fürsorgesystem im Dritten Reich. In: Landwehr, R./Baron, R. (Hrsg.): Geschichte der Sozialarbeit. Weinheim und Basel.
Leube, K. (1990): System- und wachstumsorientierte sozialpädagogische Familienarbeit. In: Sozialmagazin. H. 9. S. 26-28.
Lotz, W. (2003): Sozialpädagogisches Handeln. Eine Grundlegung sozialer Beziehungsarbeit mit Themenzentrierter Interaktion. Mainz.
Luhmann, N. (1984): Soziale Systeme. Frankfurt/M.
Luhmann, N. (1988): Sozialsystem Familie. In: System Familie. Forschung und Therapie. H. 1. S. 75-91.
Majewski, K./Seyband, E. (2002): Erfolgreich arbeiten mit QfS. Weinheim und München.

Makarenko, A. (1956-1962): Werke. Bd. I-VII. Berlin
Makarenko, A. (o.J.): Flaggen auf den Türmen. Berlin.
Marx, K. (1844): Ökonomisch-philosophische Manuskripte. In: Fetscher, I (1966) (Hrsg.): Marx-Engels. Studienausgabe. Bd. 2. Frankfurt/M.
Marxistische Projektgruppe Bielefeld (Hrsg.) (1973): Zur Klassen- und Berufsfeldanalyse der sozialwissenschaftlichen Intelligenz. Bielefeld.
Matthes, J. (1982): Krise der Arbeitsgesellschaft? Verhandlungen des 21. Deutschen Soziologentages in Bamberg 1982. Frankfurt/M.
Mayer, K.U./Baltes, P. (Hrsg.) (1996): Die Berliner Altersstudie. Berlin.
Merchel, J. (2003): Trägerstrukturen der Sozialen Arbeit. Weinheim und München.
Mermet, G. (1993): Die Europäer. München.
Merten, R./Sommerfeld, P./Koditek, Th. (Hrsg.) (1996): Sozialarbeitswissenschaft – Kontroversen und Perspektiven. Neuwied.
Miller, T. (2001): Systemtheorie und Soziale Arbeit. Stuttgart.
Mollenhauer, K. (1964): Einführung in die Sozialpädagogik. Weinheim.
Mollenhauer, K. (2001): Einführung in die Sozialpädagogik. Weinheim und Basel. Taschenbuch
Möncke, A. (1991): Studenten im Wintersemester 1990/91. In: Wirtschaft und Statistik. H. 5. S. 334-340
Mörsberger, T. (1985): Verschwiegenheitspflicht und Datenschutz. Freiburg.
Mühlfeldt, C. u.a. (Hrsg.) (1988): Brennpunkte sozialer Arbeit. Schriftenreihe für Studierende, Lehrende und Praktiker. Frankfurt/M.
Mühlum, A. (2000): Stufenabschlüsse als Modernisierungsschub. In: Blätter der Wohlfahrtspflege. 3 + 4, S. 72-76
Mühlum, A./Kemper, E. (1988): Sozialarbeit – Kompetenz statt Omnipotenz. In: Mühlfeld, C. u.a. (Hrsg.): Mehr Professionalität – mehr Lösungen? Die professionspolitische Zerreißprobe der Sozialarbeit. Frankfurt/M.
Nave-Herz, R. (Hrsg.) (1988): Wandel und Kontinuität der Familie in der Bundesrepublik Deutschland. Stuttgart.
Neidhardt, F. (1975): Systemtheoretische Analysen zur Sozialisationsfähigkeit der Familie. In: Ders. (Hrsg.) (1975): Frühkindliche Sozialisation. Theorien und Analysen. Stuttgart.
Nohl, H./Pallat, L. (Hrsg.) (1928): Handbuch der Pädagogik. Bd. 5. Sozialpädagogik. Nachdruck Weinheim 1966.
Oexle, O. (1986): Armut, Armutsbegriff und Armenfürsorge im Mittelalter. In: Sachße, Ch./Tennstedt, F. (Hrsg.) (1986): Soziale Sicherheit und soziale Disziplinierung. Frankfurt/M.
Olk, Th. (1986): Abschied vom Experten. Weinheim.
Olk, Th. (1987): Das soziale Ehrenamt. In: Sozialwissenschaftliche Literatur Rundschau. H.14. S. 84-101
Olk, Th./Heinze, R.G. (1985): Selbsthilfe im Sozialsektor. In: Olk, Th./Otto, H.-U. (Hrsg.) (1985): Lokale Sozialpolitik. Darmstadt.
Osswald, G. (1988): Systemansatz und soziale Familienarbeit. Methodische Grundlagen und Arbeitsformen. Freiburg/Br.
Otto, H.-U./Thiersch, H. (2001): Handbuch Sozialarbeit/Sozialpädagogik. Neuwied. 2. Aufl.
Otto, H.-U./Schneider, S. (Hrsg.) (1973): Gesellschaftliche Perspektiven der Sozialarbeit. 2. Bde. Darmstadt.

Otto, H.-U./Sünker, H. (Hrsg.) (1986): Soziale Arbeit und Faschismus. Bielefeld.
Peters, H. (1968): Moderne Fürsorge und ihre Legitimation. Köln.
Plato (1965): Politeia. Stuttgart.
Postman, N. (1988): Wir amüsieren uns zu Tode. Frankfurt/M.
Puhl, R. (Hrsg.) (1996): Sozialarbeitswissenschaft. Neue Chancen für theoriegeleitete Soziale Arbeit. Weinheim und München.
Rauschenbach, TH. (1991): Sozialpädagogik – eine akademische Disziplin ohne Vorbild? In: Neue Praxis H.1 S. 1-11
Rauschenbach, Th. (1999): Das sozialpädagogische Jahrhundert. Analysen zur Entwicklung Sozialer Arbeit in der Moderne. Weinheim und München.
Rauschenbach, TH./Ortmann, F./Karsten, M.-E. (Hrsg.) (2000): Der sozialpädagogische Blick. Lebensweltorientierte Methoden in der sozialen Arbeit. Weinheim und München. 2. Aufl.
Rauschenbach/Sachße/Olk (Hrsg.) (1995): Von der Wertgemeinschaft zum Dienstleistungsunternehmen. Frankfurt/M.
Riede, T.: Problemgruppen. In: Statistisches Bundesamt (Hrsg.) (1989): Datenreport 1989. Bonn.
Riemann, I. (1985): Soziale Arbeit als Hausarbeit. Von der Suppendame zur Sozialpädagogin. Frankfurt/M.
Ritscher, W. (2002): Systemische Modelle für die Soziale Arbeit. Heidelberg.
Roberts, R./Nee, R. (1974): Konzepte der sozialen Einzelhilfe. Freiburg.
Rogers, C. (1987): Die Entwicklung der Persönlichkeit. Stuttgart.
Rogers, C. (1988): Die Kraft des Guten. Ein Appell zur Selbstverwirklichung. Frankfurt/M.
Rosenbladt, von B. (1991): Arbeitslose in einer prosperierenden Wirtschaft. Empirische Befunde zu „neuer Armut" und „Arbeitsunwilligkeit" unter den Arbeitslosen. In: Mitteilungen aus der Arbeitsmarkt- und Berufsforschung. Heft 1. S. 146-156
Sachße, Ch. (2003): Mütterlichkeit als Beruf. Sozialarbeit, Sozialreform und Frauenbewegung 1871-1929. Weinheim und Basel.
Sachße, Ch./Tennstedt, F. (1980): Geschichte der Armenfürsorge in Deutschland. Bd. I. Vom Spätmittelalter bis zum 1. Weltkrieg. Stuttgart.
Sachße, Ch./Engelhardt, H.T. (1990): Sicherheit und Freiheit. Zur Ethik des Wohlfahrtsstaates. Frankfurt/M.
Sachße, Ch./Tennstedt, F. (1988): Geschichte der Armenfürsorge in Deutschland. Bd. II. Fürsorge und Wohlfahrtspflege 1871 bis 1929. Stuttgart.
Sachße, Ch./Tennstedt, F. (1992): Geschichte der Armenfürsorge. Bd. 3: Der Wohlfahrtsstaat im Nationalsozialismus. Stuttgart.
Scherpner, H. (1962): Theorie der Fürsorge. Göttingen.
Schilling, J. (1997): Soziale Arbeit. Entwicklungslinien der Sozialpädagogik/ Sozialarbeit. Neuwied.
Schmidtbauer, W. (1983): Die hilflosen Helfer. Über die seelische Problematik der helfenden Berufe. Reinbek.
Schneider, J. (1999): Gut und Böse – Falsch und Richtig. Zu Ethik und Moral der sozialen Berufe. Frankfurt am Main.
Schneider, N. F./Krüger, D., Lasch, V./Limmer, R./Matthias-Bleck, H. (2001): Alleinerziehen. Weinheim und München.
Sieder, R. (1987). Sozialgeschichte der Familie. Frankfurt/M.

Skiba, E.-G. (1969): Der Sozialarbeiter in der gegenwärtigen Gesellschaft. Empirische Untersuchungen zum sozialen Fremdbild des Fürsorgers. Weinheim/Basel.
Socialdata (1987): Alterssicherung von unentgeltlich Pflegenden. Endbericht erstellt im Auftrag des BMfJFG. München.
Sombart, W. (1987): Der moderne Kapitalismus. Bd. II. Das europäische Wirtschaftsleben im Zeitalter des Frühkapitalismus. Reprint der 2. Aufl. Leipzig 1916.
Staba 1999 (Statistisches Bundesamt, Hrsg.): Datenreport 1999. Bonn 2000
Staba 2002 (Statistisches Bundesamt): www.destatis. 2003.
Staba 2006 (Statistisches Bundesamt): www.destatis. 2003.
Statistisches Bundesamt (Hrsg.) (2000): Statistisches Jahrbuch 2000 für das Ausland) Wiesbaden.
Stein, L. von (1856): System der Staatswissenschaft. 2. Bd. Die Gesellschaftslehre. Stuttgart.
Stoß, F./Weidig, S. (1990): Wandel der Tätigkeitsfelder und -profile bis zum Jahr 2010. In: Mitteilungen zur Arbeitsmarkt- und Berufsforschung. Heft 1, S. 38-46
Straumann, U. (1990): Perspektiven sozialer Arbeit und Konsequenzen für Qualifikationsprozesse von Fachkräften. In: Deter, D./Straumann, U. (Hrsg.) (1990): Personenzentriert Verstehen – Gesellschaftsbezogen Denken – Verantwortlich Handeln. Köln.
Straumann, U. (1992): Personenzentrierte Beratung und Krisenintervention unter integrativen und kooperativen Aspekten. Ein Weiterbildungskonzept. In: Straumann, U. (Hrsg.) (1992): Beratung und Krisenintervention. Köln.
Straumann, U. (2001): Professionelle Beratung. Bausteine zur Qualitätsentwicklung und Qualitätssicherung. Heidelberg. 2. Aufl.
Suchodolski, B. (1961): Grundlagen der marxistischen Erziehungstheorie. Berlin.
Tennstedt, F. (1981): Sozialgeschichte der Sozialpolitik. Göttingen.
Thiersch, H. (2000): Lebensweltorientierte Soziale Arbeit. Aufgaben der Praxis im sozialen Wandel. Weinheim und München. 4. Aufl.
Trotha, T. von (1990). Zum Wandel der Familie. In: Kölner Zeitschrift für Soziologie und Sozialpsychologie, H. 3, 452-473.
Tuggener, H. (1971): Social Work – Versuch einer Darstellung und Deutung im Hinblick auf das Verhältnis von Sozialarbeit und Sozialpädagogik, Weinheim/Basel.
Weber, M. (1964): Wirtschaft und Gesellschaft. Grundriss der verstehenden Soziologie. Bde. I.+II. Köln/Berlin.
Weber, M. (1972): Die protestantische Ethik. Aufsätze zur Religionssoziologie. Tübingen.
Wehler, H.-U. (1987): Deutsche Gesellschaftsgeschichte. Bd. I. München.
Wichern, J.H. (1962): Sämtliche Werke. Bd. 1. Berlin/Hamburg.
Wiedemann, K. (1979): Arbeit und Bürgertum. Heidelberg.
Winkelmann, O. (1913): Die Armenordnungen von Nürnberg (1522), Kitzingen (1523), Regensburg (1523) und Ypern (1525). In: Archiv für Reformationsgeschichte. Leipzig. 10. Jg. 1912/13.

Stichwortverzeichnis

Abgrenzung 12
Akademisierung 18, 128
Alleinerziehende 29, 96
Almosen 64, 65
Alternativbewegung 123
Aquin, Thomas von 51
Arbeiterwohlfahrt 39
Arbeitsförderungsgesetz 27
Arbeitskräfte 62
Arbeitslosenquote 27
Arbeitslosigkeit 27
   psychosoziale Folgen 28
Aristoteles 50
Armenfürsorge 50, 53, 55, 66
Armenordnungen 66, 67
Armenpflege 12
Armut 25, 26, 50, 51, 52, 66
Armut, verdeckte 27
Armutsforschung 26, 27
Aufklärung 70, 118
Bäumer, Gertrud 118
Bedürftigkeit 52, 65, 66
Beratung 83, 88, 91
Berufsakademien 18
Berufsfeld 13
Berufsfelder 23, 25
Bettelei 63
Bettelordnung 64
Bundesangestelltentarif, BAT 39
Bundesangestelltentarifvertrag (BAT) 18
Bundessozialhilfegesetz (BSHG) 13
Bürokratisierung 79
Caritasverband 39
casework 84
Deutscher Paritätischer Wohlfahrtsverband 39
Deutsches Rotes Kreuz 39
Diakonisches Werk 39
Diakonissenverein 72
Dienstleistungen 38

Dienstleistungen 38,
   soziale 38, 45
Dienstleistungsgesellschaft 25
Doppelbelastung 97
Ehescheidung 95
Eheschließungen 29, 95
Ehrenamt 42
Einkommen 28
Einpersonenhaushalt 29, 95
Einzelfallhilfe 78, 84, 86
Elberfelder System 12, 69
Eltern-Kind-Verhältnis 98
Erwerbsarbeit 28, 50
Erwerbstätigenquote, Frauen 97
Erziehungsdienst 18
Evaluation 19
Expertenherrschaft 36, 124
Fachlichkeit 13
Familie 29
   familiale Lebensform 29
   Kernfamilie 29
   Normalfamilie 100
   Stieffamilie 98
   Wandel 29, 95
Familienaktivierung 113
Familienhilfe 93, 103, 110, 111, 112, 113
Familienkonferenz 98
Familienrecht, Wandel 99
Familientherapie 110
Feudalismus 56
Fliedner, Theodor 72
Frauenbewegung 13, 74
Frauenschule 74
Freie Träger 39
Froebel, Friedrich 71
Fürsorge 77
Fürsorgeerziehung 77
Fürsorgerin 12, 17
Fürsorgetätigkeit 35
Geburtenziffer 29, 95
Gemeinschaftserziehung 71

Gemeinwesenarbeit 78, 84
Gesellschaft, offene 31
groupwork 84
Gruppenarbeit 84
Gruppenpädagogik 78
Handlungskonzepte 91
Helfen 35, 115
Helfersyndrom 36
Hilfe 83
Hilfe zur Selbsthilfe 17
Individualisierung 31, 101
Individualismus 61
Industrialisierung 72
industrielle Revolution 69
Intervention 85, 91
Jugendamt 77
Jugendwohlfahrtsgesetz (JWG) 78
Kant, Immanuel 62
Kapitalismus 66
   europäischer 56
   Staat 60
   Städte 57
Kinder- und Jugendhilfegesetz
   (KJHG) 14, 80
Kindergarten 13, 71
Kindergärtnerin 49
Klassengesellschaft 122
Kleinfamilie 94
Kleinkinderschulen 72
Kleinkindpädagogik 12, 70
Kollektiverziehung 120
Kommunikation 108, 110, 111
Krisenintervention 86, 88, 89, 111
Kritische Theorie 122
Laisierung 37, 40, 42
Lebensgemeinschaft, nicht eheliche
   29, 95
Lebensweltanalyse 119, 123
Makarenko, Anton 120
Metakommunikation 107
Methoden 14, 81, 83, 85, 90, 91
   Geschichte 84
Mobilität 30, 31, 101, 102
Moderne 61
Mütterlichkeit 74
   geistige 13

Nationalsozialistische Volkswohlfahrt
   (NSV) 77
Normalfamilie 100
Pestalozzi, Johann Heinrich 72
Pflegeleistungen, familiäre 41
Pflegeversicherung 40
Pragmatismus 115, 123
Privatisierung 37, 38, 42, 44
Probleme, soziale 25
Profession 83
Professionalisierung 37, 116, 126, 127
Professionalität 41, 115
Projektstudiengänge 21
Pro-Kopf-Einkommen 25
Protestantismus 61
Qualitätsstandard 19
Rechtsordnung 60
Reformation 60, 66
Reichsjugendwohlfahrtsgesetz 77
Reichsjugendwohlfahrtsgesetz
   (RJWG) 119
Rettungshaus 72
Rettungshauspädagogik 118
Salomon, Alice 13, 74
Selbsthilfe 37, 38, 40
Selbsthilfegruppe 43
Sozialarbeit 12
Sozialarbeiter 17
Sozialarbeitswissenschaft 116
Sozialdienst 18
Sozialdisziplinierung 63
Soziale Arbeit 14
   Zielrichtung 32
   Theoriebildung 117
   Verberuflichung 40
   Verwissenschaftlichung 40
Soziale Frauenschule 13
Soziale Techniken 91
Sozialgesetzgebung 70
Sozialhilfe 27
Sozialistengesetze 70
Sozialpädagogen 17
Sozialpädagogik 12, 119, 120, 122
Sozialpolitik 17, 37, 63
   frühbürgerliche 64
Sozialraumbezogene Methode 84

Sozialreform 74
Sozialstaat 37
Sozialwesen 14, 33, 122
Spielgaben 71
Spitzenverbände der freien
 Wohlfahrtspflege 39
Staat 60
Städte 57
Stieffamilien 98
streetwork 39
Strukturflexibilität 107
Subsidiarität 41
Subsidiaritätsprinzip 79
System Familie 104, 106, 109, 112
System, soziales 104, 125
Systembegriff 104
Systemgrenze 108

Systemtheorie 104, 108
Systemtransparenz 107
Umweltoffenheit 108
Verfachlichung 128
Verfahren 83, 85
Verrechtlichung 37
Verwissenschaftlichung 18
Wichern, Johann Heinrich 72, 118
Wiederverheiratung 95
Winterhilfswerk 78
Wissenschaft 62
Wohlfahrtspflege 12, 75
Wohlfahrtsstaat 76
Wohlfahrtsverbände 39
Zentralverband der Juden in
 Deutschland 39
Zuchthaus 68